Fritz
Eine tragische Begebenheit aus dem Odenwald

Hans-Günther Morr

fritz

Eine tragische Begebenheit aus dem Odenwald

Hans-Günther Morr

Impressum

Titelbild:
Jagdbegeisterte amerikanische Militärpersonen betrieben nach Ende des 2. Weltkrieges gern und oft das Jagen im wildreichen Odenwald. Nur die Angehörigen der Besatzungsmacht waren berechtigt Feuerwaffen zu benutzen. Der Grund dafür war das absolute Waffenverbot für alle deutsche Personen.
Deutsche Jagdaufseher waren jedoch wegen ihrer guten Ortskenntnisse den neuen Jagdherren gern gesehene Helfer.
Nach erfolgreicher Jagd ließen sich im Jahre 1947 der US-Offizier Andy Welsch und sein Gehilfe Adam Beutel aus Unter-Schönmattenwag mit der erlegten Jagdbeute fotografieren.
Andy Welsch war während des Krieges mit den US-Okkupationstruppen nach Deutschland gekommen und heiratete später eine deutsche Frau. Fortan lebte er als Privatmann in Wiesbaden.

Alle Ortsbeschreibungen und Personennamen, die in der Tatsachenerzählung erwähnt werden, sind geändert. Nur die wenigen älteren Personen, welche die tragischen Ereignisse von vor 50 Jahren noch miterlebt haben, werden sowohl die Namen als auch die Örtlichkeiten richtig einordnen können.

Herausgeber:
Hans-Günther Morr;
ISBN 3-00-008173-9
Wald-Michelbach, ©2001
Alle Rechte vorbehalten, kein Teil aus diesem Werk darf ohne schriftliche Genehmigung des Autors reproduziert, verarbeitet, vervielfältigt oder verbreitet werden.

Gesamtherstellung:
Druckhaus Diesbach, Weinheim
Umschlaggestaltung:
Christian Muth

Die im Buch benutzten Bilder stammen aus dem Privatarchiv Morr.

Inhaltsverzeichnis

Nr.	Kapitel	Seite
1.	Einleitung / Vorwort	7
2.	Zwischen Zusammenbruch und Neubeginn	13
3.	Tierarztfamilie Kraut	15
4.	US - Kampfpanzer	20
5.	Die badende Dienstmagd	23
6.	Das Feuerwehrauto	25
7.	Das Waldschwimmbad	28
8.	Abenteuer im Tunnel	32
9.	Heilkräuterdottel	37
10.	Gesangsunterricht	41
11.	Elli	45
12.	Spanner	47
13.	Wilde Jagd	50
14.	Bauernschläue	56
15.	Freund Robi	62
16.	Dunkelmann Sieber	63
17.	Die Jagd beginnt von Neuem	65
18.	Die Beichte	68
19.	Gefangenschaft und Flucht	72
20.	Verfolgung	84
21.	Der falsche Ami	96
22.	Robis Schicksal	104
23.	Der Heimatboden wird zu heiß	109
24.	Neue Ausweispapiere	111
25.	Vergebliche Kontaktsuche	113
26.	Tragisches Ende	116
27.	Trauer und Beisetzung	122
28.	Abschließende Gedanken	126
29.	Zensierte Pressemitteilungen	127

Einleitung

Die Ereignisse, wie sie nachfolgend beschrieben werden, sind im Odenwald geschehen, einem Mittelgebirge dessen Landfläche zu zwei Drittel mit Wald bewachsen ist. Fichten, Kiefern und Tannen sind vorherrschend. Dies hat zur Folge, dass weite Waldgebiete dunkel und düster wirken. Die Landschaftseigenart mit den tiefen Wäldern, spielte vor 50 Jahren bei den damals stattgefundenen Ereignissen eine wichtige Rolle.
Mitten im Odenwald liegt der Überwald mit seinem Hauptort Wald-Michelbach. Durch das Fördern der unterirdisch vorhandenen Mineralien und ihrer Weiterverarbeitung mit der Wasserkraft des Ulfenbaches und durch den Holzreichtum der Wälder, konnte sich der Ort zu einem Mittelpunkt der Region entwickeln. Der Bau der Überwald-Bahn im Jahre 1901 brachte den Anschluss an die bedeutenden Verkehrsnetze in der Rheinebene und damit weiteren Fortschritt und Mobilität. Der Fremdenverkehr nahm besonders in den dreißiger Jahren des 20sten Jahrhunderts einen ungeahnten Aufschwung. Auch größere Industrieunternehmen siedelten sich an, so dass weitere Verdienstmöglichkeiten für die ansässigen Bürger entstanden.
Durch die beschriebenen Betriebsamkeiten hatte sich die Gemeinde zum Gebietszentrum mit Verwaltung, Gerichtsbarkeit, weiter führenden Schulen, Kirchspiel und einer blühenden Geschäftswelt entwickelt. Es ist nur natürlich, dass sich sowohl Apotheken als auch die Fachärzteschaft hier ansiedelten.

Vorwort

Die Lebensgeschichte eines jungen Mannes aus dieser Gemeinde, die nachfolgend beschrieben wird, ist tatsächlich geschehen. Sie ist ungewöhnlich und endet auf allzu tragische Weise.

Die Hauptfigur der Geschehnisse war ein junger Bursche mit Namen Fritz Kraut (Namen geändert). Sein Auftreten und sein Benehmen waren für sein Alter außergewöhnlich, seine Intelligenz überdurchschnittlich. Äußerlich unterschied sich Fritz von seinen Alterskameraden kaum. Er war vielleicht von etwas kräftigerer Statur, auch war er etwas größer als seine Alterskameraden. Sein braunes Haar trug er schon damals ziemlich kurz, was durchaus nicht dem Zeitgeschmack entsprach. Für Fußballspiele oder andere sportliche Betätigungen, mit denen sich die Dorfjugend öfters auf dem Sportplatz tummelte, hatte Fritz nie Zeit. Es ist jedenfalls nicht bekannt, dass er hierbei jemals mitgemacht hätte. Für Streiche fand er jedoch immer genügend Zeit. Auch Abenteuer, die mit einem gewissen Nervenkitzel verbunden waren, weckten sein Interesse.

So stach Fritz immer aus der Masse seiner Kameraden heraus. Eine echte Freundschaft band mich wohl kaum an den jungen Mann, dazu war er mir sowohl an Jahren, wie auch an geistiger und körperlicher Stärke zu überlegen. Trotzdem waren wir, mit wir meine ich noch einige junge Burschen aus der nächsten Nachbarschaft, wenn möglich, immer in seiner Nähe. Fritz war der unumschränkte Anführer, vielleicht sogar unser Vorbild, wobei er als solcher zu sehen ist, wie er an Dinge heranging und wie er sie unbeirrt zu Ende führte. Alles was er anpackte schien vom Glück begünstigt, so musste man glauben, es könnte nie etwas schief gehen.

Die nachfolgend beschriebenen Ereignisse haben sich zwischen 1944 und 1948 ereignet, in einer Zeit des gewaltigen Umbruchs in unserem Vaterlande. Nur in dieser Zeit konnten diese Dinge geschehen, wie sie letztlich geschehen sind.

War man zur damaligen Zeit einmal nicht unmittelbar mit Fritz zusammen, so lieferte er doch immer wieder Gesprächsstoff im Ort durch seine ungewöhnlichen Taten, die von uns Jugendlichen aufmerksam verfolgt wurden. Solche Unterhaltungen fanden gewöhnlich zwischen älteren Dorfbewohnern statt, die sich zufällig zu einem kleinen Plausch getroffen hatten.

Für mich waren gerade diese Unterhaltungen sehr nützlich, denn so konnte ich manche Taten und Ereignisse im Zusammenhang mit Fritz, die ich nicht persönlich miterlebt hatte, in Einzelheiten erfahren. Erst hierdurch war ich in der Lage, eine einigermaßen genaue Lebensbeschreibung des überaus vitalen und abenteuerlustigen Fritz nieder zu schreiben.

Vorwort

Sein Name, sowie die Namen aller sonst noch in der Geschichte erwähnten Personen sind geändert. Gleichwohl ist die Erzählung auf wahre Begebenheiten aufgebaut. Es liegt im Interesse aller damals beteiligten Personen, ob heute noch am Leben oder schon verstorben, dass ihre wahre Identität gewahrt bleibt. Wie noch zu lesen sein wird, gingen die Ereignisse und Abenteuer hart an die Grenze der Gesetze. Ja diese wurden auch manchmal überschritten.

Wenn der Leser nun glaubt, die Geschichte eines kleinen Sünders sei hier beschrieben, der sein Schicksal selbst herausgefordert hatte, so sollte man die Umstände, die kurz nach dem Kriege herrschten, mit berücksichtigen. In den Kriegsjahren und danach waren Hunger und Entbehrung allgegenwärtig. In Folge dessen versuchte jeder auf legale und des öfteren auch auf unlegale Art sich und seine Familie zu ernähren. Dies sei nur erwähnt, damit nicht voreilig der Stab über Fritz und seine Taten gebrochen wird.

Jahrelang wurde ich immer und immer wieder mit dem tragischen Leben meines Freundes Fritz konfrontiert. Sein Wesen und besonders sein Schicksal gingen mir nicht mehr aus dem Gedächtnis. So glaube ich, seine Geschichte erzählen zu dürfen, auf meine Art, so wie ich sie als Zeitzeuge erlebt habe, um sie der Nachwelt zu erhalten.

Die Lebensbeschreibung des jungen Fritz wurde in den Jahren zwischen 1950 und 1955 zusammengetragen. Aus Respekt vor den noch lebenden Beteiligten und besonders aus Rücksicht auf die Mutter von Fritz, wurde die Veröffentlichung zurückgehalten. Heute, nach mehr als 50 Jahren, ist die Zeit gekommen, um über die damaligen Vorkommnisse zu berichten. Zumal damals aus Rücksichtnahme auf die beteiligte Besatzungsmacht einige Fakten entstellt dargestellt wurden und Fritz in einem falschen Licht erscheinen ließen.

Im Juni 2001

Hans-Günther Morr

Elli
(Name geändert)

geb. 26. Mai 1930
gest. 24. Sept. 1948

Fritz Kraut
(Name geändert)

geb. 10. Sept. 1928
gest. 25. Sept. 1948

Zwischen Zusammenbruch und Neubeginn

Wenn das alte Sprichwort Gültigkeit hat, das da heißt:
„Die Zeit prägt den Menschen",
dann gilt dies besonders für die Zeit zwischen den Jahren 1944 und 1948.
Der Zweite Weltkrieg mit all seinen Schrecken ging langsam zu Ende bzw. war schon beendet. Alle bisher gültigen Normen und Strukturen hatten plötzlich ihre Bedeutung verloren. Neue Weltanschauungen waren angesagt. Die bisher im öffentlichen Leben Verantwortung tragenden Personen, in der Verwaltung, im Schulbetrieb, in der Justiz usw., selbst die Ordnungsmacht Polizei und die Feuerwehren waren wegen der NS-Vergangenheit ihrer Posten enthoben.
In diesem Machtvakuum hatte nur Gültigkeit, was die Besatzungsmacht, die in Form der Ortskommandantur stets präsent war, an Direktiven herausgab. Diese Anordnungen beschränkten sich auf übergeordnete Dinge, wie Entnazifizierungen, Einhaltung des bedingungslosen Waffenverbotes, striktes Versammlungsverbot und ähnliche Angelegenheiten. Gesetz und Ordnung waren weitestgehend außer Kraft gesetzt. Die als Zahlungsmittel im Umlauf befindliche Reichsmark hatte gänzlich ihren Wert verloren. Andere Währungssysteme waren an ihre Stelle getreten. Der Tauschhandel beherrschte die Zeit. Für Zigaretten, Benzin oder Esswaren konnte man auf dem Schwarzmarkt alles haben. Die Kleinkriminalität blühte. Diese unkontrollierbaren Zustände versuchte die Besatzungsmacht mit dem Einsatz von antinationalsozialistischen Bürgern auf den Dienstposten der Verwaltung, der Polizei usw. zu beheben. Alle diese neuen Dienstpersonen hatten vorher in gänzlich anderen Berufen gearbeitet. Bis zu ihrer Einarbeitung in den neuen Bereichen entstanden vorübergehend enorme verwaltungstechnische Probleme. Die neu ernannte Ortspolizei ging in Zivilkleidung, nur durch eine Armbinde gekennzeichnet, ihrem schweren Amte nach. Die neu eingesetzte Ortsverwaltung sah sich vor fast unlösbare Aufgaben gestellt. Täglich kamen aus den Städten ausgebombte und obdachsuchende Menschen an. Die Raumnot wurde durch die nach Kriegsende permanent zugewiesenen Heimatvertriebenen noch größer. Arbeit mit einem geregelten Einkommen hatten nur die wenigsten Bürger. Jeder musste sehen, wie er durchkam. Die Renten und die Sozialversorgungen waren ebenfalls nicht geregelt. In den meisten Familien standen die Frauen und die älteren Menschen allein, da der eigentliche Ernährer bei der Wehrmacht, in Gefangenschaft oder schlimmstenfalls gefallen war. Große Not machte sich breit. In ihrem Hunger wurden unbescholtene Bürger zu Dieben. Die unreifen Früchte auf den Feldern wurden geräubert. Ganze Kartoffelfelder wurden des Nachts geplündert. Das geschnittene und zum Trocknen auf den Feldern stehende Korn wurde samt der Buschen gestohlen. Die Bauern griffen zur Selbsthilfe und legten sich in der Nacht mit Knüppeln bewaffnet auf die Lauer, um ihre lebenswichtige Ernte zu schützen. Durch eine kriegsbedingte Explosion und die dadurch entstandene Unpassierbarkeit des Bahntunnels, war der Überwald verkehrstechnisch von der Außenwelt abgeschnitten. Pferdefuhrwerke hatten wie zur Vorbahnzeit den Stückguttransport von und zum Überwald zu erledigen.
In dieser rechtlosen Zeit mit dem allgegenwärtigen Chaos war es schon fast schicklich, wenn es jemandem gelang, auf dem Schwarzmarkt besonders erfolgreich zu sein.
Diese von den äußeren Widrigkeiten geprägte Zeit mit Not, Entbehrung und Kleinkriminalität machte es der heranwachsenden Jugend schwer, den rechten Weg ins Leben zu finden.

Durch öffentliche Bekanntmachungen am sogenannten „Schwarzen Brett" vor dem Bürgermeisteramt versuchte die US-Besatzungsmacht den gesetzlosen Zustand im Nachkriegsdeutschland zu regeln. Wie sich rasch herausstellte, gelang dies nur mit mäßigem Erfolg. Es sollte noch Jahre dauern, bis endlich Normalität einzog.

BEKANNTMACHUNG
An die Zivilbevölkerung!

Es wird mit sofortiger Wirkung hiermit verfügt:

1. Jede Gewaltanwendung oder deren Versuch durch Zivilpersonen gegen die amerikanischen Streitkräfte wird schwerstens bestraft.

2. Zivilpersonen dürfen in der Zeit von 2100 Uhr bis 0600 Uhr (Ortszeit) ihre Häuser nicht verlassen.

3. Bis zur Einstellung der Feindseligkeiten muss Totalverdunklung zwischen dreissig Minuten nach Sonnenuntergang und dreissig Minuten vor Sonnenaufgang strengstens eingehalten werden.

4. Es ist verboten sich ohne besonderen Erlaubnisschein der alliierten Militärbehörden weiter als 6 km von seinem Wohnort bezw. Wohnsitz zu entfernen.

5. Privatkrafträder, Privatkraftfahrzeuge und Eisenbahnen dürfen ohne besondere Erlaubnis nicht benutzt werden. Die Benutzung der öffentlichen Verkehrsmittel im Ortsverkehr ist erlaubt.

6. Ansammlungen von mehr als fünf Personen in der Öffentlichkeit sowie in Privatwohnungen zu Diskussionszwecken sind verboten. Das Abhalten von Gottesdiensten ist gestattet. Öffentliche Vergnügungsveranstaltungen dürfen nur mit Erlaubnis der amerikanischen Militärbehörden stattfinden.

7. Radiosendeapparate müssen an die nächste amerikanische Militärbehörde abgeliefert werden. Alle Personen, die von dem Vorhandensein eines solchen Apparates Kenntnis haben, müssen dies an die vorgenannten Behörden unverzüglich zur Anzeige bringen.

8. Schusswaffen, sonstige Waffen sowie Sprengstoffe müssen sofort bei der nächsten Polizeistelle gegen Empfangsbescheinigung abgeliefert werden.

9. Jegliches Photographieren ist verboten.

10. Zeitungen, sonstige Veröffentlichungen und Plakate jeglicher Art dürfen weder gedruckt, verteilt noch angebracht werden.

11. Jeglicher Nachrichtenverkehr wie Post-, Fernsprech-, Fernschreib- und Funkverkehr wird mit sofortiger Wirksamkeit eingestellt.

12. Deutsche Flaggen und Embleme dürfen nicht gezeigt werden. Das Spielen und Singen der Nationalhymne und patriotischer Lieder ist verboten. Dies gilt auch für die Flaggen und patriotischen Lieder aller Länder, die sich noch im Kriegszustand mit den Alliierten befinden. Der Hitler Gruss ist verboten.

13. Angehörige der Wehrmacht müssen sich unverzüglich bei der nächsten amerikanischen Militärbehörde stellen, um den vollen Schutz als Kriegsgefangene geniessen zu können. Personen, die Angehörigen der Wehrmacht Unterkunft gewähren oder diesen irgendwelche Hilfe leisten, machen sich eines schweren Verbrechens schuldig und werden dementsprechend bestraft.

14. Das Tragen von Uniformen, Emblemen oder Abzeichen der NSDAP, SS, SA, und anderer parteiamtlicher Organisationen ist verboten. Dies gilt nicht für die Uniformen der Ordnungspolizei und der Organe ähnlicher Polizeieinheiten.

15. Alle Zivilpersonen über Jahre müssen ihre Kennkarte jederzeit bei sich tragen.

16. Das Überschreiten der deutschen Grenze sowie die Ein- und Ausfuhr von Gütern und Eigentum jeglicher Art ist bis auf weiteres verboten.

Im Auftrage der Militärregierung

Tierarztfamilie Kraut

Die Ärzteschaft in ländlichen Regionen gehörte schon immer zu den hochgeachteten Personen eines Dorfes. Hatten sie doch die Fähigkeit, Schmerzen der Menschen zu lindern und sogar zu heilen. Dazu gehörte auch der Tierarzt. Zwar nahm er den Menschen nicht direkt die körperlichen Schmerzen, aber er konnte sie vor dem schmerzlichen Verlust eines lebenswichtigen Haustieres bewahren, was gerade in der schweren Zeit nach dem Kriege besonders wichtig war. Niemand wollte ein zur Ernährung beitragendes Haustier durch Krankheit verlieren.

Der für die Region Überwald zuständige Tierarzt hieß Kraut (Name geändert) und wohnte in der Zentralgemeinde. Er war bei der Landbevölkerung recht beliebt und niemals war zu hören, dass er dem Notruf eines Tierhalters nicht nachgekommen wäre. Wurde er zu einem armen Mütterlein gerufen, deren Milchziege erkrankt war, so verzichtete er auf das ihm zustehende Honorar. Auf die Frage, wie er seine Unkosten decken würde, kam als Antwort:

„Lass gut sein Mütterlein, der nächste reiche Bauer zahlt das mit!"

Er war dazu noch ein sehr tüchtiger Tiermediziner, nur hatte er unsagbare Angst, er könnte von dem zu behandelnden Tier gebissen oder getreten werden. So war zum Beispiel die Operation einer magenkranken Kuh eine Dorfsensation. Alle verfügbaren Männer der Nachbarschaft mussten zu dieser Aktion zusammen gerufen werden. Das kranke Tier wurde aus dem Stall geführt und im Bauernhof unter Mithilfe aller Männer zu Fall gebracht. Mit Riemen, Seilen und selbst mit Ketten wurde das arme Tier gefesselt und geknebelt, so dass es sich absolut nicht mehr bewegen konnte. Sicher hatte der Herr Doktor im Laufe seiner langen Berufszeit schon schmerzliche Erfahrungen gemacht. Nur so konnte man seine übergroße Vorsicht verstehen. Erst wenn das Tier bewegungsunfähig gefesselt und geknebelt am Boden lag, begann der Tierarzt mit seiner Behandlung.

Die übergroße Vorsicht, mit der Tierarzt Kraut arbeitete, wird auch bei der nächsten Beschreibung eines Behandlungsvorganges deutlich.

Ein Pferd war von einer Darmkrankheit befallen. Dies bezüglich sollte ihm ein Serum mittels einer Injektionsspritze verabreicht werden. Wie beim Menschen so auch beim Pferd ist dafür die hintere Körperöffnung die geeignetste Stelle für ein solches Vorhaben. Die Stalltüren der Überwälder Bauernhäuser bestanden ehemals aus zwei Türflügeln. Einer oberen Türhälfte und einer unteren Türhälfte. Der Tierarzt öffnete den oberen Stalltürflügel und verschloss mit dem Riegel die untere Türhälfte. Er selbst blieb vor der Stalltüre stehen, während seine Helfer im Stall das zu behandelnde Tier im Rückwärtsgang gegen die geschlossene Stalltüre bugsieren mussten. Das Tier spürte natürlich, dass man mit ihm etwas vorhatte und weigerte sich in verkehrter Laufrichtung sich gegen die Stalltüre zu stellen. Unendliche Geduld brauchten die Helfer, bis dies geschafft war. Ein weiterer Helfer musste noch den Schwanz des Pferdes festhalten. Nun konnte der Arzt gefahrlos sein „Einlauf-Werk" verrichten.

Zu solch schwierigen Behandlungen an Großtieren hatte der Tierarzt Kraut als Assistenten oft seinen Sohn Fritz dabei. Dieser war im Jahre 1928 geboren und besuchte das Realgymnasium in der Gemeinde. Es war selbstverständlich, dass der Sohn in die Fußstapfen seines Vaters treten und ebenfalls Tierarzt werden würde, um später die Praxis zu übernehmen. Man erzählte sich im Ort, dass Fritz schon Behandlungen an Großtieren eigenständig ausgeführt habe. Dabei sei er schneller und geschickter bei der Behandlung vorgegangen als der Herr Papa. Wer Fritz näher kannte, musste diesen Erzählungen glauben.

Die Tierarztfamilie Kraut wohnte im eigenen Haus am oberen Ortsende nahe der Hauptstraße. Das Gebäude selbst erinnerte an ein Herrschaftshaus. Zwar war die Bauausführung nicht pompös aber die Bauart unterschied sich doch von den im Fachwerk-Baustil errichteten Wohnstallhäusern in der Nachbarschaft. Das Haus stand in einem gepflegten Garten, der je zur Hälfte in Zier- und Nutzgarten aufgeteilt war. Das ganze Areal wurde von einem schmiedeeisernen Zaun mit Maschendraht eingeschlossen. Im Haus und Garten regierte, wie könnte es anders sein, Frau Kraut. Sie war die gute Seele der Familie. Zwar war sie erheblich jünger als ihr Mann, doch verstanden sich beide ausgezeichnet. Frau Kraut war immer und zu jedermann im Ort freundlich und zuvorkommend. Damit war sie gerade das Gegenteil ihres Mannes. Er konnte manchmal recht mürrisch und brummig sein. Sohn Fritz war in dieser gepflegten Atmosphäre seines Elternhauses herangewachsen, und man konnte ihn als einen allseits geachteten und gut erzogenen jungen Mann bezeichnen.

Vater Kraut war in seiner Freizeit ein leidenschaftlicher Weidmann. Um das Hobby auszuüben, hatte er sich in der nahen Waldregion eine stattliche Jagd gepachtet. So konnte man ihn des öfteren im grünen Rock mit umgehängtem Gewehr in Wald und Flur begegnen. Mit dem grünen Jägerkleid hatte es so seine Bewandtnis. Einstmals mußte der Jagdanzug recht stattlich ausgesehen haben. Mit der Zeit jedoch war er durch die ständigen Strapazen der Jagd in Mitleidenschaft gezogen worden. Deshalb konnte man nicht unbedingt auf den ersten Blick erkennen, dass in der verschlissenen Kleidung ein echter Tierarzt steckte. So ist es nicht verwunderlich, dass es einmal zu einer lustigen Verwechslung kam.

Herr Kraut hatte auf dem Pfarramt ein Schriftstück abzugeben. Dazu begab er sich zum Pfarrhaus und klingelte. Wie üblich öffnete die Pfarrsekretärin und nahm das dargereichte Papier entgegen. Mit resoluter Stimme befahl sie:

„Bleibe er hier stehen!"

Verdutzt wartete der Tierarzt auf die Rückkehr des dienstbaren Geistes.

„So hier hat er einen Groschen für seinen Botendienst!"

Sagte es und schlug dem sprachlosen Doktor die Haustüre vor der Nase zu. Offensichtlich hatte sie ihn in seinem abgetragenen Jagdanzug für einen Dienstboten gehalten.

Wie schon beschrieben, war der Tierarzt Kraut ein leidenschaftlicher Jäger, nur mit dem Schießen hatte er so seine Probleme. Seine Jagdgenossen erzählten manche lustige Geschichte, die sie mit ihrem Weidmanns-Kollegen erlebt hatten.

So habe der Jäger Kraut bei der Feldjagd mehrmals auf einen Hasen geschossen, ohne ihn zu treffen. Immer wieder pirschte er sich an und schoss auf das Tier, jedoch daneben. Als der Hase in seiner Todesangst über die Jagdgrenze in das Nachbarrevier flüchtete, dorthin wo Herr Kraut ihn nicht mehr schießen durfte, rief er dem Hasen nach:

„Du dummer Hase lauf nur rüber zum Schorch (Pächter des Nachbarreviers) und lass dich von dem abknallen!"

Die Schussunsicherheit des Tierarztes nutzten seine Jagdfreunde zu einem frivolen Schabernack. An einem Sonntagmorgen wurde eine Treibjagd auf Feldhasen angesetzt. Man hatte ein Feldrevier mit freiem Schussfeld ausgesucht. Die geladene Jägerschaft wurde im Halbkreis um die Jagdflächen verteilt. In der Mitte mit allerbesten Schussmöglichkeiten auf dem Hochsitz durfte Weidmann Kraut Platz nehmen. Er wusste nicht, dass das ganze Spektakel nur seinetwegen veranstaltet wurde. Die Jagdhelfer hatten vorab eine Hauskatze in ein Hasenfell eingenäht. Als die Jagdhörner den Beginn der Treibjagd eröffnet hatten, ließ ein eingeweihter Jagdgenosse die im Hasenfell versteckte Katze springen. Dabei versäumte er es nicht das arme Tier gehörig zu erschrecken. Die „Hasenkatze" flüchtete in panischer Angst quer durch das vorgesehene Schussfeld, am Hochstand des Tierarztes Kraut vorbei, in Richtung Dorf. Aus hinterlistiger Schadenfreude feuerten die nächsten Jäger zwar auch auf das Katzentier, schossen aber bewusst daneben. Natürlich glaubte auch der Tierarzt an eine mögliche Jagdbeute und feuerte ebenfalls seine Doppelflinte leer. Wie üblich hatte er das fliehende Tier nicht getroffen und wollte sich schon wegen seiner Fehlschüsse ärgern, als der vermeintliche Hase blitzschnell auf einen Apfelbaum kletterte, um so seiner Verfolgung zu entgehen. Gleichzeitig erschallte höhnisches Gelächter aus dem Halbkreis der anderen Jagdgenossen. Der Weidmann Kraut verließ mit hochrotem Kopf das Jagdrevier und wurde die nächsten Tage in Jägerkreisen nicht mehr gesehen. An den Stammtischen in den Dorfkneipen war natürlich dieser Vorfall erstes Gesprächsthema. So nimmt es nicht wunder, dass die örtliche Gerichtsbarkeit von dem Vorfall Kenntnis erhielt. Das hatte zur Folge, dass der für die unweidmännische Aktion verantwortliche Jagdaufseher eine saftige Geldstrafe wegen Tierquälerei erhielt.

Ob Jägerlatein oder Wahrheit lässt sich heute nicht mehr feststellen, jedenfalls würde die Geschichte dem Wesen von Herrn Kraut entsprechen. So auch das folgende Jagderlebnis. Zur Tollwutbekämpfung sollten die Füchse minimiert werden. Dazu verpflichtete der Jagdpächter Kraut einen befreundeten Jagdgehilfen mit seinem Dackel. Am Fuchsbau angekommen, wurden alle Aus- und Eingänge der unterirdischen Fuchswohnung bis auf eine Röhre mit Erde und Steinen fest verstopft. Durch die offene Fuchsröhre wurde der Rothaardackel in den Fuchsbau geschickt. Er hatte die Aufgabe, den im Bau befindlichen Fuchs, eben durch das eine offene Ausgangsloch heraus zu treiben. Jäger Kraut entsicherte seine Flinte, um beim Ausbrechen des Fuchses aus dem Bau bereit zu sein. Gespannt schauten Jäger und Gehilfe auf die offene Fuchsröhre. Es dauerte einige Zeit bis sich am Fuchsloch etwas tat. Plötzlich sprang etwas rotes aus dem Loch und schon krachte der Schuss. Der Schuss war ein Volltreffer und das angepeilte Tier war sofort tot. Leider war es zum Leidwesen des Jagdgehilfen sein eigener Dackel.

Die Familie Kraut hatte auch einen Jagdhund mit Namen Wotan. Es war ein gelbbraun gescheckter Dobermann. Er war durch die liebevolle Fürsorge von Frau Kraut derart verwöhnt, dass er zur Jagd gänzlich ungeeignet war. Was natürlich dem gestandenen Weidmann Kraut sehr missfiel. Auch Fritz konnte sich mit der gefräßigen faulen Art des Tieres nicht anfreunden. Der Hund war so faul, dass er nicht einmal zu einem Spaziergang bereit war. So kam es Fritz in den Sinn, den Köter einmal richtig in Bewegung zu bringen. Er führte den Hund mit der Leine an das andere Ende des Dorfes und band ihm unbemerkt einige leere Blechbüchsen hintereinander an den Schwanz. Nun erschreckte er das Tier, so dass es in panischer Angst auf und davon in Richtung Wohnung sprang. Nun muss man wissen, dass zur damaligen Zeit die Dorfstraße noch durchgehend gepflastert war. Die am Schwanz des Hundes angebundenen Blechdosen sprangen von Pflasterstein zu Pflasterstein und verursachten dabei einen Höllenlärm. Der arme Hund glaubte Hölle und Teufel seien hinter ihm her und rannte in panischer Angst durch den Ort, der Wohnung Kraut entgegen. Ob die Rosskur etwas bei dem Hund bewirkte, lässt sich anzweifeln.

Das Prunkstück der Familie Kraut war jedoch das backsteinrote Automobil der Marke Adler. Besonders Herr Kraut hütete und umhegte das Vehikel, als sei es sein kostbarster Besitz. Bei Inspektionen in der Autowerkstatt war er stets zugegen und überwachte penibel alle Arbeiten. Wehe dem ungeschickten Lehrling oder Gesellen, der mit verschmierten, fettigen Händen unnötig die Karosserie beschmutzte. Einmal hatten junge Burschen in das mit Staub leicht überzogene Autoblech Figuren und Fratzen mit den Fingern gemalt. Das nahm der Herr Doktor zum Anlass, die Lehrerschaft zu unterrichten. Darauf wurden alle Schüler wie kriminelle Sünder von den Lehrern verhört. Natürlich war es keiner gewesen, aber man war dadurch für die Zukunft bei solchen Streichen etwas vorsichtiger.

Auch ich hatte mit dem Wunderauto eine direkte Berührung. Mit dem Fahrrad war ich wie immer im Ort unterwegs. Auf den Verkehr achtete man damals sowieso nicht. Hauptverkehrsmittel waren zu dieser Zeit Handwagen und Pferdefuhrwerke, die bekanntlich langsam fahren. Ein Auto oder gar ein Lastkraftwagen auf der Straße war eine absolute Ausnahme. So fuhr ich recht sportlich von der Nebenstraße in die Hauptstraße und schnitt dabei, weil es ja der kürzeste Weg war, die unübersichtliche Innenkurve. Da kam mir im selben Moment ein rotes Auto entgegen und noch ehe ich bremsen konnte, saß ich samt Fahrrad auf der Kühlerhaube. Der Fahrer des Autos sprang aus dem Wagen und kümmerte sich rührend um sein Unfallopfer. Dabei half er mir von der Motorhaube und fragte nach meinem körperlichen Befinden. Natürlich hatte ich einige blaue Flecken und war auch etwas benommen, aber weiter war nichts passiert. Langsam merkte ich, wer mein unmittelbarer Unfallpartner war und in mir kam eine gewisse Unruhe auf, denn ich konnte mir denken, was im nächsten Moment über mich hereinbrechen würde. Ich hob behutsam mein Fahrrad auf und ehe sich der Doktor versah, saß ich im Sattel und fuhr davon. Er schrie und polterte hinter mir her und befahl sofort anzuhalten. Da ich den strengen Herrn kannte, zog ich es vor möglichst schnell davonzufahren.

Damit war natürlich die Sache noch nicht erledigt. Immer wieder fragte Kraut in der Nachbarschaft, wer wohl dieser Unfallradfahrer gewesen war. Mich beschlich immer wieder ein ungutes Gefühl und richtig, als ich einige Tage später von der Schule nach Hause kam, sah ich zu meinem Entsetzen den gestrengen Herrn Kraut bei meiner Mutter im Zimmer sitzen. Offenbar hatte er herausgefunden wer ich war und wo ich wohnte. Kurz dachte ich an eine neuerliche Flucht, aber da war es schon zu spät. Sofort als er mich erblickte, stürzte er sich auf mich und zog mir die Ohren lang. Glücklicherweise sah er von einer Strafanzeige ab, aber ich bekam von ihm wegen dieser Sache eine gehörige Standpauke gehalten.

Seine Liebe zum Auto ging soweit, dass er auf Straßen mit Gefälle den Motor abschaltete und im Leerlauf weiterfuhr, um das Triebwerk zu schonen.

Fritz war in dieser Beziehung aus anderem Holz. Saß der Vater neben ihm, wenn er das Auto fuhr, so fuhr er langsam und vorsichtig, jedem Schlagloch ausweichend. War er aber alleine am Steuer, fuhr er spritzig und rasant. So passierte es eines Tages bei einer Spritztour, dass die Federaufhängung des Vorderrades brach. Der Wagen bekam Schlagseite und die auf der Achse aufsitzenden Karosserieteile verursachten während der Fahrt üble Geräusche. Fritz kannte seinen Vater und suchte eine Möglichkeit, die Sache zu vertuschen. Dazu fuhr er den Wagen unendlich langsam in die Garage. Dort hob er mit dem Wagenheber den beschädigten Wagenteil an und schob einen passenden Holzklotz zwischen Achse und Karosserie.

Tags danach setzte sich Vater Kraut in seinen Wagen, um wie gewohnt seine täglichen Krankenbesuche aufzunehmen. Nach einigen hundert Metern Fahrt löste sich der Holzklotz und fiel herunter, der Wagen kippte wie gehabt zur Seite ab.
Die herbeigerufene Reparaturwerkstatt stellte am Auto einen Federbruch fest. Vater Kraut wunderte sich noch lange Zeit, dass ausgerechnet ihm bei seiner schonenden Fahrweise so ein Missgeschick passieren konnte.
Soweit die Beschreibungen zum Elternhaus von Fritz Kraut. Die geschilderten Episoden waren typisch für den Tagesablauf im Hause Kraut. Hier die fast überkorrekten Eltern und da Fritz, immer zu Streichen und Scherzen bereit. Ging einmal eine Sache nicht so gut aus, so wusste Fritz sicher ganz schnell einen Ausweg aus der bedrohlichen Lage. Überhaupt war Fritz schnelles Denken und die richtige Entscheidung in kürzester Zeit zu treffen, angeboren. Gerade diese Eigenschaft machte ihn bei seinen Kameraden so überlegen. Waren einige junge Leute beisammen und jeder hatte zu einem Problem oder einer Aktion seine eigene Meinung, wurde doch letztlich der Vorschlag von Fritz befolgt.
So war Fritz der ungekrönte Anführer, obwohl er sich nie danach gedrängt hatte. Im Gegenteil, alle waren froh in seiner Nähe sein zu dürfen, um so an seinen, noch kleinen Abenteuern, teilzunehmen. Ein Tag in Gesellschaft von Fritz war nie langweilig. Es konnte der Eindruck entstehen, dass nicht Fritz die Abenteuer suchte, sondern im Gegenteil, dass diese ihm nachliefen. Eigenartigerweise hatte Fritz auch immer etwas vor, zumindest sah es so aus.

Villa der Familie Kraut

US-Kampfpanzer

Schon zu Beginn des Jahres 1945 war die Dorfschule von der deutschen Wehrmacht in ein Lazarett umgewandelt worden. Somit entfiel jeglicher Schulunterricht und wir Jugendlichen hatten genügend Zeit im Ort herum zu streifen. Als etwa Mitte März immer öfter zurückweichende deutsche Wehrmachtseinheiten durch den Ort zogen, wurde es für uns natürlich ungemein spannend bei den Kriegsvorbereitungen der Wehrmacht zuzuschauen. Die rückwärts ziehende, fast geschlagene, deutsche Armee glaubte ausgerechnet den Überwald verteidigen zu müssen. Um den Ort herum brachten sie einige Militärgeräte wie Panzerabwehrkanonen und weiteres leichteres Kriegsmaterial in Stellung. Gewehre, Handgranaten und jede Menge Munition lagerten an allen möglichen und unmöglichen Stellen im Ort. Die besondere Aufmerksamkeit bei der Bürgerschaft erweckte ein deutsches Sturmgeschütz. Das gepanzerte Kettenfahrzeug war wohl das größte und schwerste Kriegsgerät, das bis dato den Überwald aufgesucht hatte. Die deutsche Bedienmannschaft hatte das Sturmgeschütz bei einem Bauern in dessen Scheune abgestellt. Dies sollte für den Hofbesitzer noch bittere Folgen haben. Sein Gehöft war das erste das beim US-Angriff in Flammen aufgehen sollte. Aber noch war es nicht so weit. Zwei Haubitzen hatte man am Bahnhof aufgestellt. Sie schossen in gleichbleibenden Abständen schwere Salven in westliche Richtung. Es kann vermutet werden, dass sie mit ihrem Sperrfeuer die anrückenden Feinde aufhalten wollten. Bei diesem besonderen Schießspektakel konnten wir Dorfjungen uns direkt beteiligen. Wir durften die in einem Eisenbahnwagen gelagerten Granaten und Kartuschen vom Bahngleis zu den Haubitzen tragen.

So kam der 28. März 1945, an dem die US-Militärmacht im Überwald einrückte und damit den Krieg zumindest hier beendete. Durch ständiges Überfliegen des Kampfgebietes mittels Aufklärungsflugzeuge waren die US-Angreifer bestens über die Aktivitäten der deutschen Wehrmacht vor Ort informiert. So kam dann auch am frühen Nachmittag der Angriff derart schnell und überraschend, dass die Verteidiger nur noch durch schnelle Flucht der unmittelbaren Wucht des US-Angriffs entgehen konnten. Trotzdem verloren 17 deutsche Militärangehörige und einige Zivilpersonen ihr Leben. Der Kampf um Wald-Michelbach war schnell entschieden und bevor die vorderen Kampfverbände weiterzogen, postierten sie, wohl zur Sicherung, an allen wichtigen Stellen und Straßenkreuzungen im Ort ihre schweren Kampfpanzer. Dazu mussten in einigen ausgesuchten Häusern die Privatbewohner den ersten Stock räumen und entweder zum Nachbarn oder in die oberen Wohnräume umziehen. In die freien Wohnungen zogen die Besatzer ein. Eines der gepflegtesten Häuser war das Haus der Tierarztfamilie Kraut. Natürlich bezogen die neuen Machthaber auch hier Quartier. Vor dem Hause Kraut am oberen Ortsende wurde ebenfalls ein US-Panzer aufgestellt, der drohend sein Geschützrohr zur Dorfmitte ausgerichtet hatte.

Deutsches Militärgerät wurde ab dato entweder sofort vernichtet oder durch amerikanische Militärpolizei strengstens bewacht. Die US-Besatzungsmacht hatte für die ersten Tage der Bevölkerung eine absolute Ausgangssperre verhängt. Aber dieses Verbot wurde schon nach drei Tagen gelockert und die Bürger durften sich, zu mindest bei Tageslicht, innerhalb der Dorfgrenzen im Freien bewegen.

Zu dieser Zeit hatten auch wir Jugendliche wieder den ersten Kontakt untereinander. Wie beschrieben, musste die Familie Kraut in ihrem Haus amerikanische Einquartierung erdulden. Fritz hatte sich schnell mit den US-Mitbewohnern angefreundet. Besonders zu einem großen schwarzen US-Wachsoldaten, war eine echte Zuneigung entstanden. Von seinem neuen Freund hatte Fritz Dinge erhalten, die wir als sogenannte Kriegsgeneration nicht kannten. So kamen wir in nächster Zeit in den Genuss von Schokolade, Kaugummi, Feingebäck, Kakaopulver und sogar zu Fleisch in Dosen, „Cornedbeef" wie es die Amerikaner nannten. In der bäuerlichen Gesellschaft in der wir aufgewachsen waren, gab es immer reichlich zu essen. Zwar waren dies nur einfache Speisen die Feld und Garten hergaben, aber richtigen Hunger mussten wir wohl nicht erleiden. Aber solche Delikatessen, wie wir sie jetzt ab und zu genießen durften, waren für uns eine neue Welt. Es ist daher nur natürlich, dass auch wir uns öfters in der Gegend um das Anwesen Kraut aufhielten. Mit dem menschenfreundlichen schwarzhäutigen US-Soldaten hatten auch wir bald Freundschaft geschlossen. Man kann sagen, dass auch ihm unsere Anwesenheit nicht unangenehm war, denn sie brachte etwas Abwechslung in seinen eintönigen Wachdienst. Unsere besondere Aufmerksamkeit erweckte eine Kochgelegenheit auf der hinteren Panzerseite über dem Motor. Hier war offenbar eine Kochplatte integriert, auf welcher der US-Boy richtiges Essen zubereiten konnte. Mehrmals täglich bereitete er hier ein Schnellgericht meist in Dosen zu. Auch von diesen, für uns unbekannten Speisen, bekamen wir reichlich ab.

Ebenfalls im Hause Kraut hatte ein US-Offizier Quartier bezogen. Er war offenbar derart privilegiert, dass ihm zu seinen Dienstfahrten ein eigener Jeep, dies war ein Militärpersonenwagen der meist ohne Verdeck gefahren wurde, zur Verfügung stand. Fritz verstand es auch mit ihm ein freundschaftliches Verhältnis aufzubauen. So konnte man öfters Fritz als Beifahrer im Jeep mit dem US-Offizier durch den Ort fahren sehen. Diese Fahrten in einem amerikanischen Jeep waren wohl für den jungen Fritz von prägender Bedeutung, wie die weiteren Ereignisse noch zeigen werden.

Durch das freundschaftliche Verhältnis, das sich zwischen uns jungen Deutschen und den Amerikanern entwickelt hatte, wurden wir immer dreister. Wir kletterten auf den Panzer, stöberten in den amerikanischen Bagagesachen herum und neckten öfters sogar den Wachsoldaten. Natürlich ist die Versuchung besonders groß, einmal in das Innere eines Panzers zu schauen. Hier war natürlich wieder Fritz der Vorreiter. In einem unbeobachteten Augenblick öffnete er die Turmklappe und machte Anstalten in den Panzer zu steigen. In diesem Augenblick öffnete sich ein Fenster vom nahen Hause Kraut und ein amerikanischer Offizier schimpfte in englischer Sprache unmissverständlich. Mit einer Behändigkeit die man dem etwas korpulenten schwarzen Wachsoldaten nicht unbedingt zugetraut hätte, sprang dieser auf den Panzer und zog Fritz an den Haaren aus der Turmluke des Kettenfahrzeuges. Dazu setzte es noch ein Paar ordentliche Hiebe. Fritz wurde so für seine Neugierde empfindlich bestraft. Damit war es in nächster Zeit vorbei mit Schlemmen. Ohne besondere Ermahnung vermieden wir es, sowohl in die Nähe des Panzers, als auch in die Nähe seines schwarzen Bewachers zu kommen.

Es kann sicher nicht gesagt werden, dass wir Deutschen die US-Streitkräfte als unsere Befreier vom Nazijoch ansahen. Dazu waren die jüngsten tragischen Ereignisse noch zu frisch. Aber das freundliche Verhalten der US-Soldaten zur Ortsbevölkerung ließ nie den Verdacht einer direkten Feindschaft aufkommen. Leider wurden bald darauf die US-Kampfverbände abgezogen und durch normale Besatzungskräfte ersetzt. Diese nachrückenden Einheiten waren nicht mehr so bürgerfreundlich. Jetzt begann die sogenannte „Entnazifizierung". Es liegt in der Natur der Sache, dass es in jeder Familie einen

Angehörigen gab, der in irgend einer Funktion an der vergangenen NS-Zeit beteiligt war. Zu den Deportierten gehörte auch Tierarzt Kraut. Obwohl dieser nie direkt eine NS-Funktion inne gehabt hatte. Es genügte allein die Tatsache, dass er als Arzt zur privilegierteren Bevölkerungsschicht gehörte. Alle diese Leute wurden abgeholt und in ein Internierungslager gebracht. Es dauerte Wochen bis sie zu ihrer Familie zurück kamen. Da diese Leute in der Regel auch die Ernährer waren, kam es in manchen Familien zu erheblichen Notständen. Aber durch die Hilfsbereitschaft der Nachbarn untereinander, konnte auch eine solche schwere Zeit überstanden werden. Diese und andere willkürliche Maßnahmen der neuen Machthaber kühlten das anfänglich von den Kampfeinheiten aufgebaute gute Verhältnis zu den Bürgern merklich ab.

Mindestens fünf solcher deutschen Panzerabwehrkanonen (PAK) standen am 28. März 1945 am Berghang hinter dem Dorf zur Verteidigung bereit.

Die badende Dienstmagd

Wie erwähnt, wohnte die Familie Kraut im Einfamilienhaus am oberen Ende des Dorfes. Als Nachbar auf der selben Straßenseite hatte ein praktischer Arzt seine Privatwohnung. Die Arztpraxis selbst lag in der Dorfmitte. Da das Arztehepaar selten zu Hause war, hatten sie zur Ausführung der anfallenden Hausarbeiten und zur Hausbewachung ein Dienstmädel eingestellt, das auch im Hause wohnte. Diese Hausangestellte war eine recht gut aussehende junge Dame von ungefähr zwanzig Jahren.
Das Badezimmer der Arztwohnung grenzte an die Hausseite die dem Hause Kraut gegenüber lag. Genau zwischen den benachbarten Häusern, noch im Garten der Familie Kraut, stand ein ausgewachsener Kirschbaum.
Es war Sommerzeit und die Kirschen reiften. Schon seit Tagen hatte Fritz immer mal wieder zum Baum geschaut und die dunkelroten Früchte bewundert. Sie sahen so verlockend aus, dass Fritz der Versuchung nicht länger widerstehen konnte, von den süßen Früchten zu naschen.
Es war ein später Samstagnachmittag, Vater Kraut war zur Jagd und die Mutter ins Dorf gegangen. Die Gelegenheit war günstig, Fritz bestieg den Baum und ließ sich die reifen Kirschen schmecken. Ganz oben in der Baumkrone hingen die reifesten Früchte, also stieg Fritz weiter nach oben.
Unwillkürlich fiel sein Blick dabei auf das Nachbarhaus und dort durch das Fenster in das beleuchtete Badezimmer. Was Fritz hier zu sehen bekam, ließ ihn das Kirschennaschen schlagartig vergessen. Er konnte der splitternackten Nachbarsmaid beim Baden zuschauen, bis sie aus dem Bade stieg und in den Bademantel schlüpfte.
Es war für Fritz eine Selbstverständlichkeit, dass er an den nächsten Samstagabenden zur Badezeit seine Beobachtungen vom Kirschbaum aus wiederholte. Dies wäre auch sicher noch eine Weile so weiter gegangen, wenn er nicht einem seiner Freunde von den amüsanten Beobachtungen erzählt hätte. Am folgenden Samstag bestiegen nun zwei erwartungsfrohe Burschen den Kirschbaum, um die hüllenlos badende Maid zu beobachten. Aber es kam wie es kommen musste. Der Freund erzählte die Sache seinem Freund und dieser wiederum seinem Freund. So wunderte sich Frau Kraut, dass ihr Sohn immer am Samstagabend so viel Besuch von jungen Burschen bekam, die alle im Garten verschwanden. Mittlerweile war es Herbst geworden und die Tage wurden kürzer. Die Badezeit der jungen Dame fiel in die Abenddämmerung. Die Anzahl der Schaulustigen war mehr und mehr angewachsen und alle kletterten auf den Kirschbaum, um einen Blick ins Badezimmer zu werfen. Natürlich war die Aussicht ins Badezimmer mit der nackten Dame vom höchsten Ast des Baumes aus am ergiebigsten. So war es nur natürlich, dass alle Aktbeschauer möglichst dem Gipfel des Baumes entgegen stiegen. Solange die schöne Maid beim Auskleiden vor der Wanne stand, war noch für alle etwas zu sehen, als sie aber in die Wanne stieg, konnte man von den unteren Ästen nicht mehr alles sehen. Nun bemühte sich jeder, höher und höher zu steigen. Und dabei geschah es; der Baum konnte die schwere Last nicht mehr tragen und die Baumkrone brach unter der Belastung so vieler Burschen. Zum Glück bremsten die unteren Äste die Fallgeschwindigkeit der stürzenden Menschenleiber etwas ab, so dass der Aufprall auf dem grasbewachsenen Gartenboden gedämpft wurde. Trotzdem gab es blaue Flecken, zerschundene Hände und einer hatte den Knöchel verstaucht. Aber am schlimmsten hatte es den Kirschbaum selbst getroffen. Einige Äste waren abgebrochen und die Baumkrone hing

abgeknickt im Geäst. Der so geschundene Baum machte Fritz am meisten Sorgen. Er wusste, wie sein Vater darauf reagieren würde. Mittlerweile war der Mond aufgegangen und in seinem fahlen Licht hatte man eine begrenzte Sehmöglichkeit. Es musste etwas geschehen, um die Sache möglichst zu verheimlichen. Natürlich hatte Fritz auch hier wieder die rettende Idee. In Gemeinschaftsarbeit aller beteiligten jungen Männer wurden alle abgebrochenen Äste samt der Baumkrone abgesägt. Aber ohne Krone und Hauptäste sah der Baum noch erbärmlicher aus. Zunächst war man etwas ratlos, doch dann entschied Fritz den Baum gänzlich umzuhauen. Der Hauptstamm musste mehrmals zersägt werden, damit man ihn abtransportieren konnte. Um auch die letzten Spuren zu verwischen, wurde noch der Baumstrunk ausgegraben. Die Baumstücke wurden mit einem Handwagen in den nahen Wald gefahren und dort an einer günstigen Stelle unauffällig abgelagert. Das beim Ausgraben des Baumstrunkes entstandene Loch wurde mit Erde gefüllt. Im nahen Wiesental wurden mit einem Spaten viereckige Grassoden ausgestochen und nebeneinander über das erdbedeckte Strunkloch verteilt. Als man noch die Grasbüschel festgetreten hatte, war die Stelle, an der noch vor Kurzem ein prächtiger Obstbaum stand, fast völlig mit der Rasenumgebung gleich. Die Fläche wurde noch mit einem Eisenrechen abgezogen. So entstand der Eindruck, als habe nie an dieser Stelle ein Baum gestanden.

Tatsächlich dauerte es einige Tage, bis der alte Herr Kraut merkte, dass sein Kirschbaum nicht mehr da war. Verwundert ging er im Garten auf und ab und schüttelte dabei den Kopf. Da ihm auch Frau Kraut über den Verbleib des verschwundenen Baumes keine Auskunft geben konnte, blieb dies Geheimnis bis auf weiteres ungelöst. Natürlich hatte er Fritz im Verdacht, aber er konnte sich einfach nicht vorstellen, dass ein einzelner Mensch so einfach einen ausgewachsenen Baum verschwinden lassen könnte.

Das Feuerwehrauto

Samstagabends war der allgemeine Treffpunkt der Dorfjugend in der Ortsmitte an der „Kreuzgass". Den Namen für die Kreuzung, an der die vier Hauptstraßen des Ortes zusammenliefen, gab es in keiner offiziellen Beschreibung. Der Name hatte sich im Volksmund herausgebildet. Die sogenannte Kreuzgass war der Anfang oder das natürliche Ende aller Dorfstraßen. Damit ergab es sich, dass man sich eben hier traf. Man stand in kleinen Gruppen beisammen und diskutierte über das Ortsgeschehen und die sonstigen Tagesereignisse. Mancher rauchte sogar schon hinter der hohlen Hand aufgesammelte Zigarettenkippen. Kam ein junges Mädchen vorbei, wurde gejohlt und ihr hinterher gepfiffen. War sie spröde oder schnippisch, wurden ihr flegelhafte Wörter nachgerufen.
So standen wir wieder einmal beisammen und wussten nicht, was wir anfangen sollten. Einer kam auf die Idee, ins Nachbardorf zur Kirchweih zu gehen. Aber das Kirchweihdorf war immerhin etwa zehn Kilometer entfernt und soweit laufen wollte keiner. Fritz wusste wie immer Rat. Er schlug vor, einfach mit dem alten Feuerwehrauto dorthin zu fahren.
Das einzige Feuerwehrauto der Gemeinde war zur damaligen Zeit ein umgebauter Personenwagen, ein Vorkriegsmodell der Marke **„HORCH"** und stand im Feuerwehrgerätehaus. Dieser ehemalige Herrschaftswagen war so schwer in Gang zu bringen, dass ihn nicht einmal die ehemalige deutsche Wehrmacht gegen Kriegsende gebrauchen konnte. Nur diesem Umstand war es zu verdanken, dass er der Gemeinde erhalten geblieben war. Die Feuerwehrgeräte waren in den unteren Kellergewölben der Dorfschule untergebracht. Dort stand neben dem Feuerwehrauto noch die tragbare Motorspritze und die ausfahrbare Drehleiter. Auf den Einwand, das Tor am Feuerwehrgerätehaus wäre nicht ohne Schlüssel zu öffnen, winkte Fritz nur unwillig ab. Sicher hatte er schon längst geahnt, dass das alte Auto einmal zu gebrauchen war und hatte für diesen Fall einen Dietrich als Nachschlüssel parat. Wir mussten in einiger Entfernung vor dem Feuerwehrgeräteschuppen warten. Fritz ging alleine hin, schloss das Tor auf und winkte uns herein. Vorsichtshalber verriegelte er das Tor von innen. Da stand er nun der alte Zwölfzylinder-Horch. Gesehen hatten wir ihn schon oft, aber damit gefahren war noch keiner. Die normalen Karosserieaufbauten hatten die Feuerwehrmänner in Eigenhilfe abgebaut und statt dessen alte Schulbänke aufmontiert. Damit wurde die Sitzplatzkapazität wesentlich erhöht, also gerade wie geschaffen für unsere geplante Spritztour.
Nun begann Fritz im spärlichen Licht des Sommerabends, das durch die Kellerfenster strahlte, den Motor in Betrieb zu setzen. Zu diesem Zweck hatte er eine Klistierspritze zur Hand. Nachdem die zwölf Zündkerzen herausgeschraubt waren, spritzte er mit dem Gummiball Benzin aus dem Tank in die Zylinder. Nun wurden die Zündkerzen wieder eingesetzt und festgedreht. Bei all dem Tun konnte man sich des Eindrucks nicht erwehren, dass Fritz dies nicht zum erstenmal getan hatte. Als die Vorbereitungsarbeiten abgeschlossen waren, gab Fritz weitere Anweisungen. Zwei Mann mussten von einem günstigen Platz aus die Dorfstraße überwachen, um den besten Augenblick zur Ausfahrt zu erkunden. Ein anderer Bursche hatte sich vor der Hausmeisterwohnung des Schuldieners aufzuhalten. Seine Mission war besonders heikel, denn der Pedell war eine äußerst energische Person. Hätte er von dem Vorhaben etwas gemerkt, hätte für uns höchste Alarmstufe bestanden.
Ich glaube, jeder Junge verspürt irgendwann einmal in seinem Leben den brennenden Wunsch, mit einem leuchtend roten Feuerwehrauto zu fahren. So ging es wohl uns allen,

die wir an dem Unternehmen „Feuerwehrauto-Spritztour" an diesem Abend beteiligt waren. Mit glühender Erwartung fieberten wir dem bevorstehenden Abenteuer entgegen. Dass die Sache auf unlegale Art und Weise ablaufen sollte, erhöhte nur noch die Spannung.

Nachdem Fritz noch einige Schalter und Hebel betätigt hatte, setzte er sich hinter das Steuer und wir mussten den schweren Wagen langsam durch das geöffnete Tor ins Freie schieben. Mittlerweile war es dunkler Abend geworden und die Ortsstraße in der Schulgegend war um diese Zeit, wie gewöhnlich, menschenleer. Direkt vor der Wohnung des Schuldieners konnte natürlich das Auto nicht angelassen werden. Die Gefahr, dass uns die Motorgeräusche verraten könnten, war zu groß. Also schoben wir das Vehikel im Leerlauf noch ein gutes Stück die Straße hinunter. Als wir nun in einiger Entfernung vom Schulhaus waren, dort wo die Straße ein leichtes Gefälle hat, gab Fritz Zeichen, schneller zu schieben. Wir bemühten uns und brachten den alten Horch in Schwung. Der Fahrer legte den Gang ein und ließ die Kupplung kommen. Mit mächtigem Getöse sprang der schwere Zwölfzylindermotor an. Aber die Freude war nur kurz. Sobald das eingespritzte Benzin verbrannt war, blieb der Motor wieder stehen. Fritz öffnete die Motorhaube und begann von neuem mit seiner Aktion Klistierspritze und Benzin. Diese Arbeiten brauchten natürlich ihre Zeit. Plötzlich rief jemand:

„Achtung der Dorfpolizist kommt!"

Wir ließen Auto, Auto sein und verzogen uns hinter eine nahe Gartenmauer, nicht ohne uns zu vergewissern, dass im Notfall eine weitere rückwärtige Fluchtmöglichkeit bestand. Aus der relativ sicheren Distanz beobachteten wir die Dinge, die da kommen würden. Fritz steckte mit dem Kopf unter der Motorhaube und bastelte unverdrossen weiter. Wir befürchteten, er habe vielleicht die anmarschierende Gefahr nicht erkannt, deshalb rannte nochmals einer los, um ihn erneut zu warnen. Fritz winkte aber nur ab und schraubte unverdrossen weiter. Mittlerweile war der Gendarm so nahe gekommen, dass er das Feuerwehrauto am Straßenrand sehen musste. Immer noch arbeitete Fritz unter der Motorhaube weiter. Nun war der Ordnungshüter in Höhe des Feuerwehrautos und betrachtete skeptisch das Vehikel. Er konnte Fritz nicht erkennen, da sich dieser mit dem Gesicht und dem Oberkörper unter der Motorhaube befand. Wir im Versteck wagten vor Aufregung fast nicht zu atmen. Aber es schien den Gendarmen offenbar nicht zu verwundern, dass am Abend auf der Straße das Feuerwehrauto stand und jemand daran herum bastelte. Jedenfalls sagte er noch, schon halb im Weitergehen,

„Gell der alte Bock will nicht anspringen!"

Das war für die Nerven von Fritz jetzt doch zu viel. Er sprang mit einem Satz unter der Haube hervor, dabei schmetterte er mit aller Kraft die blecherne Motorabdeckung zu und rannte blitzartig davon. Durch den Knall der zuschlagenden Haube war der Polizist für einen Moment derart erschrocken, dass er Zeit brauchte, um sich zu fassen. Diese Schrecksekunde genügte Fritz, um im Halbdunkel der anbrechenden Nacht zu verschwinden.

Langsam begriff der Ordnungshüter, was hier gespielt wurde. Er begann mächtig zu schreien und zu schimpfen. Die Bewohner der umliegenden Häuser wurden aufmerksam und strömten auf die Straße. Es kam zu einem richtigen Menschenauflauf um das alte Feuerwehrauto. Mittlerweile kam auch der verantwortliche Schuldiener dazu und es war von Einbruch und Diebstahl die Rede.

Das Feuerwehrauto

Wir hinter der Gartenmauer zogen es nun vor, schleunigst zu verschwinden, denn es war nicht ratsam, den aufgebrachten Mitmenschen in ihrer momentanen Verfassung in die Hände zu fallen.

Am nächsten Morgen beim Schulgang mussten wir an dem noch immer am Straßenrand stehenden Auto vorbei. Dies taten wir mit der allergrößten Unschuldsmiene. Niemand konnte im Entferntesten annehmen, dass wir etwas mit der Feuerwehrauto-Entführung zu tun gehabt hätten. Tage später schaffte die Feuerwehr ihr treues Gefährt zurück in die Garage.

Das von der Wald-Michelbacher Feuerwehr mit normalen Schulbänken zu einem neunsitzigen Personenwagen umgebaute Fahrzeug der Marke HORCH.

Das Waldschwimmbad

Die Auswirkungen des Weltkrieges hatten sich bis hin zum Waldschwimmbad bemerkbar gemacht. Zwar nicht durch direkte Kriegseinwirkung, sondern vielmehr durch wetterbedingte Einflüsse. Was nicht sonderlich verwunderlich sein konnte, denn die Menschen hatten in den Kriegszeiten andere Sorgen, als sich um das Freibad zu kümmern. Die Badeanlage war im Besitz der Gemeinde und hatte im Volksmund nur den Beinamen Fischweiher. Der Name rührte noch aus der Zeit, als an dieser Stelle das Hessische Forstamt in einem Weiher Fischzucht betrieb. Um 1930 hatte die Gemeinde den Fischweiher aufgekauft und ihn für die damalige Zeit zu einem respektablen Freizeitbad umgebaut. Das Bad lag etwas abseits des Ortskerns in einem romantischen Seitentälchen, begrenzt von herrlichen alten Wäldern. Durch das Wiesental oberhalb des Badebeckens schlängelte sich mäanderartig ein kleiner Bach. Er diente dem Badebetrieb als Frischwasserzufuhr. Die Aufbauten des Bades waren denkbar einfach gestaltet. Am unteren Ende des Wiesentales hatte man mittels Erdreich einen Wall aufgeschüttet, mit dessen Hilfe der Bach gestaut werden konnte. Die Seitenwände des zukünftigen Badebeckens hatte man mit Sandsteinplatten in Leichtmörtel ausgelegt. Der Beckenboden wurde naturbelassen. In den dreißiger Jahren erfreute sich das romantische Waldschwimmbad eines regen Zuspruches. In den schweren Kriegsjahren hatte man das Bad sich selbst überlassen. Der kleine Wiesenbach, der im Schwimmbecken mündete, konnte im Frühjahr nach der Schneeschmelze reichlich Wasser führen. Geröll, Schlamm, Baumwurzeln und dergleichen spülte er dabei in das Becken. Auch der aufgeschüttete Damm am Beckenende wurde durch das unkontrollierte Überlaufen des Bachwassers auf einer Breite von etwa sechs Meter überspült und weggerissen. Zurück im Becken blieb Schlamm, Dreck und sonstiger Unrat.

Im Sommer 1946 zur Schulferienzeit trafen wir Jugendlichen uns am alten Bad und wollten natürlich wieder die liebgewordenen Badefreuden genießen. Dies war jedoch aus vorbeschriebenen Umständen nicht möglich. Es lässt sich heute nicht mehr feststellen, ob von einer offiziellen Stelle, zum Beispiel von der Gemeindeverwaltung eine Anregung ergangen war, jedenfalls waren während der Sommerferien einige Jungmänner aus dem Dorfe bereit, in Eigenhilfe das Bad wieder herzurichten. Dazu gehörte, wie könnte es anders sein, auch Fritz Kraut. Mit zwei Schubkarren und einigen Schaufeln, Überresten aus liegen gebliebenen Heeresbeständen, ging es an die mühevolle Arbeit. Die anwesenden Helfer teilten sich in zwei Gruppen. Die eine Arbeitskolonne mit der einen Schubkarre hatte das Badebecken von Schlamm und Dreck zu säubern. Die Karre wurde im Becken mit Schwemmmaterial beladen. Der kräftigste Helfer nahm die Karrenholme und die restlichen Helfer schoben und zogen die Karre über die schräge Schwimmbadseitenwand hinaus. Leider konnte der Schlamm zum Auffüllen des durchgebrochenen Walles am Schwimmbadende nicht verwendet werden, da sonst durch die Schwabbelmasse ein neuerlicher Dammbruch zu befürchten war. Somit war man gezwungen den Damm mit gewachsenem Erdreich aus dem nahen Wald zu verfüllen. Diese Aufgabe hatte die zweite Arbeitsgruppe mit der freien Schubkarre übernommen. Zwischendurch wurde der aufgeschüttete Wallgraben immer wieder festgetreten, um ein Abrutschen zu verhindern.

All die Arbeiten waren von Fritz geplant worden und er hatte auch die Arbeitseinteilung vorgenommen. Dies war so unverbindlich und locker geschehen, dass wir als freiwillige

Helfer nie das Gefühl hatten, unter Zwang harte körperliche Arbeiten zu verrichten. Zumal sich Fritz selbst vor keiner noch so harten Arbeit scheute und immer mit ansteckender Arbeitsfreude voranging.

Nach etwa 14 Tagen war unter Mühen und Plagen das Schwimmbecken gesäubert und der durchbrochene Damm mit festem Erdreich wieder aufgefüllt. Wir Jüngeren waren richtig stolz auf die geleistete Arbeit und konnten den Augenblick kaum erwarten, bis das Bad mit Wasser gefüllt würde. Sehnlichst fieberten wir den zu erwartenden Badefreuden entgegen.

Aber der lose aufgeschüttete Damm bereitete Fritz große Sorgen. Man konnte sich denken, dass nach kurzer Zeit der anstehende Wasserdruck des frisch gefüllten Bades die Erde des Beckenrandes wieder wegspülen würde. Entweder hatte Fritz einen Fachmann befragt oder er selbst hatte die Idee, das lose Erdreich mit einer Betonplatte gegen den anstehenden Wasserdruck zu bewehren.

Nun war es zur damaligen Zeit so kurz nach Kriegsende, wo allenthalben Mangelwirtschaft herrschte, nicht so leicht, die Bestandteile Kies und Zement zur Herstellung von Beton zu bekommen. Einer der Helfer war der Sohn des örtlichen Maurermeisters, welcher auch zu Friedenszeiten einen Baustoffhandel betrieb. Fritz nahm den Jungen freundlich um die Schulter und so gingen beide gemeinsam ein Stück den Waldweg entlang. Dabei sprachen sie angeregt miteinander. Zwei Tage später lagen sieben Sack Zement im ehemaligen Umkleidehaus. Nun brauchte man nur noch eine Wagenladung Sand. Kies zum Betonieren wurde damals wie noch heute aus dem Rheintal angefahren. Dazu brauchte man unbedingt einen Lastkraftwagen.

Das idyllisch im Wiesental gelegene Waldschwimmbad.

Das Waldschwimmbad

Im ganzen Ort gab es damals nur einen brauchbaren Lastwagen, der sich zum Kiestransport eignete. Ein begabter Kraftfahrzeugmechaniker hatte sich aus ausgedienten Militärbeständen ein solches Nutzfahrzeug zusammengebastelt. Dieses Fahrzeug benutzte er täglich für anfallende Transporte seiner großen Kundschaft. Für Fritz war es beschlossene Sache, dass nur dieses Fahrzeug zur Kiesbeschaffung in Frage kommen konnte. Der Neffe des Lastwageneigners war in etwa in unserem Alter, aber etwas wasserscheu und beteiligte sich deshalb nicht an unserer Schwimmbadrenovierungsaktion. Trotzdem war er uns bekannt und Fritz konnte ihn auch bald für die geplante Aktion „Kiesbeschaffung" gewinnen. Es musste ein Zeitpunkt ausgekundschaftet werden, in dem eine Fahrt zum Kiesholen möglich war. Diese Aufgabe wurde dem Neffen übertragen. Bald konnte der Kundschafter melden, dass er einen günstigsten Zeitpunkt für ein solches Unternehmen gefunden habe. Der Lastwagenbesitzer pflegte einmal in der Woche einen Kegelabend zu besuchen, wo es schon recht spät werden konnte. Regelmäßig benutzte er den darauffolgenden Morgen zu einem etwas längeren Schläfchen, bevor er mit seinem Lastkraftwagen auf Tour ging. Damit war der Tag der geplanten Kiesbeschaffung vorgegeben. Am Abend vor der Aktion wurden bei einer Lagebesprechung jedem Beteiligten genaue Anweisungen erteilt, die am nächsten frühen Morgen unbedingt zu erfüllen waren. Der Neffe hatte die schwierigste Aufgabe. Er musste die Wagenschlüssel besorgen. Vor dem Haus des Wageneigners sollten zwei Jungs als Aufpasser postiert werden, die Straße runter bis zur nächsten Kurve in Sichtweite die nächsten und so weiter bis hin zum Schwimmbad. So konnte Fritz durch Zeichen von Posten zu Posten eine rechtzeitige Warnung bei drohender Gefahr erhalten. Den Wagen wollte Fritz selbst fahren, während der Neffe als Kenner des Lastkraftwagens und der Örtlichkeiten am Kieslager zum Beifahrer bestimmt wurde. Ich selbst wurde dem Abladekommando am Schwimmbad zugeteilt.

Am frühen nächsten Morgen waren wir natürlich alle in der Nähe des Hauses, wo die Aktion „Kiesbeschaffung" gestartet werden sollte. Pünktlich wie besprochen kamen Fritz und sein Beifahrer. Sie setzten sich in den Lastwagen und fuhren davon, als ob dies die natürlichste Sache der Welt sei. Wir hatten nun genügend Zeit, um uns an die angewiesenen Plätze zu begeben, denn vor zwei Stunden war nicht mit der Rückkehr des Kiestransportes zu rechnen.

Ungefähr nach dieser Zeit, wir waren natürlich vor Ort am Schwimmbad, war das Motorengeräusch eines näher kommenden Autos zu hören. Der letzte Spähposten vom Schwimmbaddamm meldete gleichzeitig die Anfahrt des Kiestransporters. Also hatte es Fritz offensichtlich wieder einmal geschafft. Nach dem Eintreffen und Zurücksetzen des Lkw's an die Abladestelle, gingen wir in fieberhafter Eile an das Herunterschaufeln der Kiesladung. Nun geht das Abladen eines vollen Lastwagens nicht so schnell, zumal wir Jungens in dieser Arbeit doch nicht so geübt waren. Wir brauchten jedenfalls für das Entladen länger als Fritz geplant hatte. Es war zu befürchten, dass der Lastwageneigner seinen Schlaf beendet hatte und das Verschwinden des Wagens bemerkte. Auch war im Ort bestens bekannt, dass er eine äußerst resolute Persönlichkeit darstellte, mit der nicht zu spaßen war. Plötzlich, wir waren mit dem Abladen noch nicht ganz fertig, kam atemlos mit verängstigtem Gesichtsausdruck der letzte Spähposten angerannt und meldete zu unserem größten Schreck, dass der LKW-Besitzer mit dem Fahrrad auf dem Weg zum Schwimmbad angefahren käme. Fritz erfasste die Situation sofort und gab Befehl:

„Alles auf den Wagen und flach auf die Ladefläche legen!"

Wir warfen noch schnell die Schaufeln in das Kabinenhaus und kletterten wie befohlen auf den Lastkraftwagen.

Irgend jemand musste uns verraten haben, wie sonst hätte der Wagenbesitzer uns ausgerechnet im Schwimmbad suchen sollen. Im Augenblick war für weitere Gedanken keine Zeit. Fritz hatte den Wagen gestartet und ab ging die Fahrt. Diesmal jedoch nicht den Schwimmbadweg zurück zum Dorf, sondern in entgegengesetzter Richtung querfeldein das Wiesental hinauf. Bei der waghalsigen Fahrt kam uns sehr zu statten, dass das Fahrzeug ein Allrad getriebenes Fahrwerk hatte. Für uns auf der rückwärtigen Pritsche war die Fahrt über Stock und Stein ein wahres Martyrium. Wir wurden derart durchgerüttelt, dass ich noch tagelang am ganzen Körper blaue Flecken hatte. Meinen Leidensgenossen dürfte es nicht besser ergangen sein. Glücklicherweise wurde bald der schützende Wald erreicht. Nun ging die wilde Fahrt etwas langsamer, denn es war nicht damit zu rechnen, dass der Fahrradfahrer uns in dem unwegsamen Gelände folgen würde. Am Ende des Waldes war bald die Landstraße erreicht, auf der wir im großen Bogen aus entgegengesetzter Richtung zum Heimatdorf zurückfuhren. Am Ortseingang ließ Fritz alle Beteiligten absteigen. Alleine fuhr er das Fahrzeug an die Stelle zurück, wo er es am frühen Morgen weggefahren hatte. Dort stellte er den Motor ab und schlenderte gelassen die Dorfstraße hinunter. Kurze Zeit später kam der Wageneigner auf seinem Fahrrad zurück und begann verspätet sein Tagewerk. Es ist nicht bekannt geworden, ob es wegen dieser Sache irgendein Nachspiel gegeben hat. Es lässt sich aber vermuten, dass der Neffe des Lastwagenbesitzers einige unangenehme Fragen beantworten musste.

In den folgenden Tagen wurde die besonders gegen Überspülung gefährdete Stelle am Beckenrand mit einer Betonplatte gegen das anstehende Wasser bewehrt. Auch für das Laufwasser konnte eine fest betonierte Überlaufrinne geschaffen werden. So war der Tag nicht mehr fern, an dem endlich das Schwimmbad mit Wasser gefüllt werden konnte. Gespannt verfolgten wir das Ansteigen des Wasserspiegels und zu unserer größten Freude konnten wir feststellen, dass der aufgefüllte Damm dem Wasserdruck standhielt.

Es war im Dorf natürlich nicht unbemerkt geblieben, dass man ab jetzt im Waldschwimmbad wieder baden konnte. So wurde von offizieller Seite ein Eröffnungstermin festgelegt. Dazu war extra ein Gemeindeverantwortlicher erschienen, ein freigewähltes Gemeindeparlament gab es damals noch nicht, der eine kleine feierliche Ansprache hielt. Er versäumte es nicht, unseren freiwilligen Arbeitseinsatz lobend zu erwähnen. Ferner überreichte er jedem fleißigen oder weniger fleißigen Helfer eine Badefreikarte für den Rest des Badejahres und dazu noch für die kommende Badesaison im nächsten Jahr. Wir nahmen natürlich die Freikarten dankend an und genossen in der verbleibenden Sommerzeit ausgiebig die gebotenen Badefreuden.

Man könnte heute Fragen: Warum geschah die Rohmaterialbeschaffung auf solch unlegale Art, zumal die Sache doch eigentlich zum öffentlichen Nutzen war? Es war eben einmal die Art von Fritz, wenn er etwas anpackte, so wollte er es auch ohne fremde Hilfe zu Ende bringen.

Abenteuer im Tunnel

Die Mittelgebirgslandschaft des Überwaldes war durch eine Nebenbahnlinie nach Weinheim mit dem allgemeinen Deutschen Eisenbahnnetz verbunden. Um die Streckenführung zu ermöglichen, musste die Ost/West-Wasserscheide, die 420 Meter hohe Kreidacher Höhe, im Baujahr 1901 auf einer Länge von 674 Metern untertunnelt werden. Bei Kriegsende im März 1945 war die Reichsbahn ein bevorzugtes Angriffsziel der feindlichen Tiefflieger. Die zurückweichende deutsche Wehrmacht nutzte den bombensicheren Tunnel als Deponie für allerlei Kriegsmaterial. So hatte man einige Eisenbahnwagen, beladen mit Schwarzpulverkartuschen, Tankwagen mit Benzin und sogar Güterwagen mit gewaltigen Schiffsgranaten darin abgestellt.
Als am 28. März 1945 die US-Armee die Gegend besetzte, wurde das Militärlager im Tunnel für Jedermann gesperrt und durch US-Mannschaften bewacht. Das Wacheschieben bei Tag und Nacht an den Tunneleingängen machte den Siegermächten offensichtlich nur wenig Spaß, denn schon bald wurden die Wachmannschaften abgezogen und durch ein Schild mit der Aufschrift:
„Off Limit, Eintritt streng verboten, Explosionsgefahr!"
ersetzt.
Verbote erwecken bekanntlich besonders die Neugierde und verführen dazu, sie zu brechen. Mit magischer Kraft wurden wir immer wieder von dem verbotenen Tunneleingang angezogen. Vorerst jedoch betrachteten wir das Dunkel der Röhre aus respektvollem Abstand. Keiner wagte es hineinzugehen, bis eines Tages Fritz dazukam. Er ging mutig in den Tunnel und in seinem Gefolge wagten wir es ebenfalls. Der erste Eisenbahnwagen war ein sogenannter Gepäckwagen, der als Mannschaftswagen umgebaut war. Die Türen standen offen, sicher hatten die US-Wachmannschaften bei ihrer Besichtigung die Tore aufgebrochen. Fritz stieg hinein und brachte nach kurzer Zeit einige Militärutensilien wie Feldflasche, Gasmaske, Schulterriemen, Hüftkoppel usw. heraus, alles Dinge, welche die Deutsche Wehrmacht zurückgelassen hatte. Nun war unsere Furcht endgültig verflogen, und auch wir begannen im Waggon nach brauchbaren Sachen zu suchen. Besonders stolz war ich auf meinen ersten Fund, ein Paar Militärstiefel, sogenannte „Knobelbecher". Strapazierbare Kleidung und besonders Schuhe waren zu dieser Zeit absolute Mangelware. Zu meinem Leidwesen musste ich zu Hause feststellen, dass ich zwei linke Schuhe erwischt hatte. Nachdem uns durch Fritz die Angst genommen war, ging es in nächster Zeit immer öfter auf Entdeckungsreise zum Tunnel. Der vorderste Mannschaftswagen war bald ausgeräubert und damit uninteressant geworden. Die Neugierde war geweckt und zur Erkundung ging es tiefer in den Tunnel. Der zweite Waggon war beladen mit Kartuschen ohne Sprengköpfe. Besonders der Inhalt der dosenartigen Kartuschen erweckte unsere Neugierde. Sie waren gefüllt mit kleinen weisen Säckchen. Fritz war der erste, der ein solches Säckchen öffnete. Heraus rieselte eine schwarze körnige Masse. Ein anderer junger Abenteurer hatte offenbar Vorkenntnisse und deutete den Säckcheninhalt als Schwarzpulver, das besonders gut brenne. Es war klar, dass dies jetzt ausprobiert werden musste. Jeder schnappte sich so viele Säckchen wie er tragen konnte und damit ging es zu einem abgelegenen aufgelassenen Steinbruch. Dort wurde das Versuchsmaterial gestapelt und mittels eines Kerzendochtes, der als Lunte diente, von Fritz in Brand gesteckt. Als das Feuer der Lunte das erste Schwarzpulver erreichte, entstand eine enorme Stich-

flamme durch deren Wirkung wir, obwohl wir uns in gebührendem Abstand aufhielten, doch gewaltig erschraken.

Andere Kartuschen waren gefüllt mit Schwarzpulverstangen. Band man eine Handvoll dieser Brennmittel aneinander und zündete sie, entstand beim Abbrennen eine Art Knallfroscheffekt der uns natürlich einen Riesenspaß bereitete. Mit der Zeit wurde das „Schwarzpulverbrennen" langweilig und wir erforschten weiter das Tunnelinnere. Hinter dem Schwarzpulverwaggon standen zwei normale Güterwagen die angefüllt waren mit riesigen Granaten. Man erzählte uns, dies sei Schiffsmunition, die von der Deutschen Wehrmacht für Sprengungen von wichtigen Brücken und sonstigen Hindernissen zur Behinderung der vorrückenden Feinde eingesetzt werden sollte. Uns nötigten solche gewaltigen Vernichtungswaffen einen gehörigen Respekt ab. Dazu kam noch, dass die Sicht, je tiefer man in das Tunnelinnere vordrang, immer geringer wurde. Fritz war es wieder einmal, der weitergedacht hatte. Er hatte irgendwo eine sogenannte Dynamotaschenlampe aufgetrieben. Dies war eine Kriegserfindung der rohstoffarmen deutschen Industrie. Die normale Taschenlampe mit Leuchtbirne und Gehäuse hatte zusätzlich noch einen vorstehenden Hebel. Man musste die Lampe in die Hand nehmen und durch ständiges Öffnen bzw. Schließen der Faust den Dynamo betätigen. Dadurch entstand ähnlich einer Fahrradlampe ein etwas diffuses Licht. Im Schein der Lampe konnte eine weitere Erforschung des Tunnels erfolgen. Der Tunnel selbst war links und recht mit Sandsteinmauerwerk aufgeführt, darüber spannte sich die Rundbogendeckenverbauung. Von der Decke rieselte ständig Grundwasser, das an den Tunnelwänden in Ablaufrinnen nach außen geführt wurde. Damit war zum Gehen neben den abgestellten Güterwagen nur wenig Platz. Im Gänsemarsch ging es immer tiefer in den Berg hinein. Vorneweg hatte Fritz mit seiner Lampe natürlich die beste Sicht, für uns war es schon beschwerlicher zu folgen. Waggon nach Waggon wurde untersucht. Da waren noch weitere Güterwagen mit Schiffsmunition und Kartuschen beladen. Doch einer der nächsten Wagen erregte wieder die besondere Aufmerksamkeit von Fritz. In schön gezimmerten Holzkästen lagerte übereinander Flakmunition. Diese Munitionsart war uns bekannt, denn nach der Verteidigung unseres Ortes hatte die deutsche Wehrmacht auch eine Vierlingsflak zurückgelassen, die mit eben solcher Munition bestückt war. Zwei solche Explosivkörper nahm Fritz aus der obersten Kiste und übergab sie zum Transport einem von uns. Dann ging die Erkundung weiter. Je tiefer wir in das dunkle Gewölbe eindrangen, desto ruhiger wurden wir. Vielleicht war es Angst, vielleicht war es auch der Respekt vor dem hochexplosiven Material, das um uns lagerte, was uns die Sprache verschlagen hatte. Es war schon ein eigenartiges Gefühl in einem nasskalten Stollen inmitten der Munition zu stehen und dies noch verbotener Weise. Das spärliche Licht der Handlampe reichte gerade für eine bescheidene Sicht, das gespenstisch von dem an den Tunnelwänden herunter laufenden Wasser reflektiert wurde. Das monotone Klatschen der Tropfen von der Tunneldecke mit dem Plätschern des ablaufenden Grundwassers verstärkte noch die allgemeine Beklommenheit, die uns „Höhlenforscher" ergriffen hatte. War auch manchem von uns Jüngeren zum Umkehren zumute, dies war ohne Beleuchtung nicht möglich. Fröstelnd und zitternd ging es immer weiter, dem Führer mit der Lampe nach.

Wir hatten schon längst die Hälfte des Tunnels durchschritten und waren zu der Stelle gekommen, wo der unterirdische Fahrdamm eine Rechtskurve macht. Von hier aus konnte man das andere Ende des Tunnels und das Tageslicht sehen. Damit war es zum

Abenteuer im Tunnel

Tunnellende nicht mehr weit. Die Munitionswagen waren hier seltener in der Waggonreihe, jetzt standen einige Tankwaggons in Richtung Tunnelausgang. Fritz hatte schon wiederholt versucht, einen der großen Verschlusshähne zu öffnen, was aber nicht gelungen war. So wussten wir vorerst nicht, was darin gelagert war. Angesichts des Tageslichtes das von Ferne unseren Weg erhellte, wurden wir in unserer Unterhaltung schon wieder etwas munterer und die beklemmende Angst war langsam gewichen. Plötzlich blieb Fritz stehen und schaltete die Lampe aus. Was war das? Am Tunnelausgang konnte man deutlich Stimmen hören. Wir wussten, dass wir unbefugt in den Tunnel eingedrungen waren, wohl deshalb erfasste uns wieder dieses beklemmende Angstgefühl. Wir wendeten uns um, und liefen ins Dunkel dem anderen Tunnelausgang zu. Nun ist das Durcheilen eines stockfinsteren Tunnels nicht so einfach. Einer kam auf dem unebenen Schotterbett ins strauchen und stürzte. Der Zweite stolperte über den am Boden liegenden und stürzte ebenfalls. So entstand Panik in der nur Fritz die Ruhe bewahrte. Er war auf einen Eisenbahnwaggon gestiegen und rief uns Angsthasen zu, ihm dorthin zu folgen. Er betätigte die Dynamolampe und leuchtete uns zum Aufstieg. Von oben hatte man eine bessere Übersicht. Im fernen Licht, das vom Tunneleingang hereinstrahlte, konnte man deutlich die Umrisse von erwachsenen Menschen erkennen. Zu unserer größten Verwunderung mussten wir sehen, dass diese Leute in übergroßer Eile dem Tunnelausgang zustrebten. Sie mussten uns gehört oder den Schein der Taschenlampe gesehen haben. Damit entstand das Kuriosum, dass sie vor uns und wir vor ihnen geflohen waren. Nach kurzer Zeit war der letzte der anderen Tunnelgäste verschwunden. Langsam stiegen wir von unserer erhöhten Aussichtsplattform und setzten bedächtig unseren Erkundungsgang in die vorgesehene Richtung fort, um festzustellen, was die anderen Herrschaften dort gesucht haben könnten. Je näher wir dem anderen Ende des Tunnels kamen, desto mehr erleichterte uns das einfallende Tageslicht das Gehen. An einem Tankwagen, schon ziemlich am Ende des Tunnels, war der Absperrhahn nicht richtig verschlossen. Offenbar hatten ihn die Vorbesucher in der Eile nicht ganz abgestellt. Als Rinnsal ergoss sich die Flüssigkeit aus dem Tank auf die Schottertrasse. Schon am strengen Geruch konnte man erkennen, dass es Benzin war, das sich in dem Tankwagen befand.

Benzin in den Mangeljahren war ein äußerst begehrtes Tauschobjekt in Schwarzmarktkreisen. So waren also die anderen Tunnelbesucher nichts anderes als Benzindiebe. Fritz drehte den Hahn vollends zu und wir begannen den Rückmarsch auf dem selben Weg, den wir gekommen waren. Der Rückweg kam uns nun nicht mehr so furchterregend vor. Wir fühlten uns richtig stark. Das hatte wohl sicher seinen Grund darin, dass die anderen erwachsenen Tunnelbesucher vor uns geflohen waren. So war der andere Tunnelausgang bald erreicht.

Nun erinnerte sich Fritz an die mitgebrachten Flakgranaten. Er nahm sie prüfend in die Hand und erklärte uns den Aufbau eines solchen Geschosses. Die vorhandene Munition bestand danach aus einem stahlummantelten Sprengkörper mit Aufschlagzünder und der Hülse mit dem Treibsatz. Am Boden des Geschosses saß der Zünder. Fritz vergaß nicht uns besonders vor dem Aufschlagzünder im Sprengkopf und dem Bodenzünder zu warnen, denn die Betätigung beider Stellen durch einen Schlag würde den Sprengkörper zur Explosion bringen. Er wusste wohl auch, dass sich im Inneren der Geschosshülse Schwarzpulver in Stangenform befand. Um an das Schwarzpulver zu gelangen, musste der Sprengkopf des Geschosses von der Kartusche abgenommen werden. Fritz steckte den Sprengkopf zwischen das Rad und die Federung eines Eisenbahnwaggons. Die Geschosshülse nahm er fest in beide Hände und begann sie hin und her zu biegen. Auf diese Weise lockerte sich die Hülse vom Sprengkopf und nach weiteren Bemühungen konnte er Kopf und Hülse voneinander trennen. Das Ergebnis der gefahrvollen Arbeit war eine Handvoll Schwarzpulverstangen, die senkrecht in der Geschosshülse lagerten. Dass bei solchem Tun leicht etwas passieren konnte, war uns sehr wohl bekannt. Drei junge Mitbürger aus unserer Gemeinde hatten schon bei ähnlichen Experimenten ihr Leben verloren und andere wurden dabei lebensgefährlich verletzt.

Warum haben wir Jugendliche bei derartigen Experimenten immer wieder unser Leben riskiert? Wegen der wenigen Schwarzpulverstäbe wohl kaum. Entweder war es der Reiz der Gefahr, oder war es das erhabene Gefühl mit Nervenkitzel ein solch hochexplosives Element zu beherrschen?

In den folgenden Tagen galten unsere Tunnelbesuche nur noch den dort lagernden Benzinvorräten. Es hatte sich eine wahre Laufkundschaft entwickelt, jeder hatte eine Kanne oder ein sonstiges Behältnis, mit dem das kostbare Benzin abtransportiert wurde. Bald gesellten sich auch Erwachsene dazu, die ebenfalls an Benzin interessiert waren. Denen genügten die tragbaren Behältnisse nicht mehr und einige Erwachsene kamen mit Handwagen, auf denen Fässer zum Benzinfassen montiert waren.

Solche spektakuläre Aktionen mussten der Besatzungsmacht auffallen. Die beiden Tunneleingänge wurden erneut gesperrt. Die Amerikaner hatten nach wie vor keine Lust am abgelegenen Eisenbahntunnel Wachdienste zu verrichten. Man kam auf die Idee, freigelassene ehemalige polnische Kriegsgefangene mit der Tunnelbewachung zu beauftragen. Diese Leute hatten während des Krieges die Arbeiten der im Feld stehenden männlichen deutschen Bürger besonders in der Landwirtschaft übernehmen müssen. Jetzt, nach ihrer Befreiung, da sie niemand mehr zur Arbeit anhielt, führten sie meist auf Kosten ihrer ehemaligen Arbeitgeber im Schutze der Besatzungsmacht ein verschwenderisches Leben. Sie stahlen bei den Bauern Vieh, um es zu schlachten, ebenso wurden in Gaststätten alkoholische Getränke entwendet. Von den Amerikanern wurde ein solches Tun nicht begrüßt, da aber der Krieg noch nicht zu Ende war, konnten sie die Befreiten auch nicht nach Hause schicken. So glaubte man durch den Wachdienst am Tunnel, wenigstens einige Polen zu beschäftigen. Diese richteten sich sofort im vordersten Mannschaftswaggon häuslich ein. Auch hier feierten sie ihre Feste und Orgien. Von Wachdienst, wie es die Amerikaner gefordert hatten, konnte natürlich keine Rede sein, aber den Zweck erfüllten sie schon alleine durch ihre Anwesenheit. Kein Bürger wagte es, auch nur in die Nähe der meist betrunkenen und mit Pistolen bewaffneten Tunnelbewacher zu kommen. Die Amerikaner hatten dies erkannt und ließen sie wohl deshalb gewähren.

Etwa eine Woche war mit der neuen Tunnelwache vergangen, als eine neuerliche Aufregung die Bürger des Überwaldes erfasste. Am letzten Sonntag im April 1945 schlugen plötzlich gewaltige Flammen aus dem Tunnelmund. Was die Polen angestellt hatten wusste man nicht und wird es wohl auch niemals erfahren. Jedenfalls brannte der vorderste Mannschaftswagen lichterloh. Die Polen setzten sich fluchtartig über die nahe Berghöhe ab, sicher hatten sie gute Gründe, nicht mehr in den Ort zurück zu kehren. Da im Tunnel immer ein gewisser Luftzug vorhanden ist, dauerte es nicht lange, bis die Flammen den nächsten, mit Schwarzpulverkartuschen beladenen Waggon erreichten. Das Schwarzpulver verstärkte den Brand um ein vielfaches. Haushoch schlugen die Flammen empor. Vom Ort aus konnte man das Feuer bestens beobachten. Es war ein überwältigendes Schauspiel. So hatte ich mir in meinen Jugendträumen den feuerspeienden Drachen vorgestellt, wie er von Jungsiegfried in der Nibelungensage bekämpft wurde. Das spektakuläre Feuerschauspiel war nur von kurzer Dauer. Inzwischen hatten die Flammen den nächsten mit Schiffsmunition beladenen Güterwagen erreicht. Die ungeheure Hitze brachte die großen Granaten zur Explosion. Der Waggon mit der Schiffsmunition stand so etwa fünfzig bis sechzig Meter vom Eingang entfernt im Tunnel. Darüber lagerte der Ausläufer des Berges mit etwa 20 bis 30 Meter Felsen und Erdreich. Diese große Erdmasse wurde durch den Explosionsdruck einige Meter angehoben und sackte danach wieder in sich zusammen. Es sah aus als habe ein riesiger Maulwurf einen Erdhaufen aufgestoßen und ihn wieder in sich aufgenommen. Die einstürzenden Erdmassen begruben die Flammen und erstickten sie. Was noch brannte waren aus dem Berg geschleuderte Holzteile und die umstehenden Bäume und Sträucher. Zum Glück wurden die restlichen mit Sprengstoff und Benzin beladenen Güterwagen durch den gewaltigen Explosionsdruck am anderen Ende aus dem Tunnel gedrückt und explodierten nicht. Nur diesem günstigen Umstand ist es zu danken, dass sich die Tunnelschäden einigermaßen in Grenzen hielten. Die nötigen Reparaturarbeiten dauerten trotzdem mehr als drei Jahre. Erst am 2. August 1948 konnte der normale Bahnbetrieb wieder aufgenommen werden.

Eine leere Geschosshülse einer Schiffsgranate, die bei Aufräumarbeiten 1947 am Tunnel gefunden wurde, hat sich bei Hans-Georg Jäger in der Rudi-Wünzer-Straße bis heute erhalten.

Heilkräuterdottel

Während der schweren Kriegsjahre war es mit eine Aufgabe der Schulkinder, Altmaterial wie Eisenschrott, leere Flaschen, Papier, Lumpen usw. in regelmäßigen Abständen im Dorf einzusammeln. Ebenso mussten zur Pflanzenreife in Feld und Wald Heilkräuter geerntet werden. Bei großen theatralischen Aufmärschen wurden wir Schulkinder von der Lehrerschaft aufgefordert, mit unserer Leistung den Endsieg mit zu erringen. Regelmäßig alle vierzehn Tage mussten wir im Ort die Altmaterialien mit einem Handwagen einsammeln. Etwa zehn bis zwölf Kinder bildeten eine Arbeitsgruppe. Die auf der Straße vor den Häusern bereitgestellten Produkte wurden aufgeladen und zur Sammelstelle gefahren. In der Altwarensammelstelle regierte der alte „Dottel". Er konnte, aus welchem Grund auch immer, zu einer normalen Arbeit oder gar zum Kriegsdienst nicht eingesetzt werden. Unter seiner Aufsicht mussten die gesammelten Altwaren sorgfältig sortiert und in den dafür vorgesehenen Boxen deponiert werden.
Auch war es Pflicht, zu Zeiten, in denen die Pflanzen in vollem Saft standen, mit allen Schulklassen in den Wald zu ziehen, um Heilkräuter zu sammeln. Sehr zu unserem Leidwesen geschah dies meistens in den Sommerferien, da zu dieser Zeit das Pflanzenwachstum am ergiebigsten war. Am beschwerlichsten war bei der Sache noch der lange Fußmarsch zum Hochwald mit dem mitgeführten Handwagen. Die am häufigsten gesammelten Pflanzen waren die großen Blätter des giftigen Fingerhutes. Die Blätter wurden gebündelt und im Handwagen verstaut. Waren alle Wagen gefüllt, ging es meist bergab dem Heimatort zu. Dort angekommen, war natürlich die Arbeit noch lang nicht getan, denn hier wartete der Dottel. Jetzt mussten erst noch die Kräuter auf extra gefertigte Holzröste zum Trocknen an der Luft ausgebreitet werden. Der Dottel beaufsichtigte akribisch die Sortierarbeiten. Das tat er mit einer solchen Strenge, dass es manchmal recht lästig wurde. Jedes einzelne Blatt musste gut ausgebreitet auf dem Holzrost liegen. Ob seiner allzu großen Genauigkeit war er bei den Schülern wenig beliebt. Man hatte ihm den Spitznamen „Heilkräuterdottel" verpasst.
Von Statur war er zwar groß, jedoch über die Maßen hager. Obwohl man ihm keine äußeren Gebrechen ansah, benutzte er zum Gehen einen Spazierstock. Mit ihm schlenderte er oftmals am Tage zwischen seinem Wohnhaus in der Kirchhohl und dem Altwarenlager hin und her. Er war mit seinen etwa fünfzig Jahren sicherlich zum Arbeiten nicht zu alt, hatte es aber verstanden, vielleicht sogar wegen des Krückstockes, jegliche normale Tätigkeit zu umgehen. Seine Kompetenzen als Altwaren- und Heilkräuterverantwortlicher nutzte der Dottel weidlich. Die anfallenden Arbeiten mussten ja die Schulkinder erledigen. So konnte man ihn oft an Straßenecken stehen sehen, um sich mit eben solchen Müßiggängern zu unterhalten. Auch glaubte er uns junge Burschen, selbst bei Gelegenheiten die außerhalb seiner Befugnisse lagen, rügen und schikanieren zu dürfen. Dabei durfte man ihm keinesfalls widersprechen, denn er war stark erregbar und jähzornig. Sein ganzes Gehabe und seine Art mit uns Jüngeren umzugehen, rief förmlich nach Protest.
Wir wussten, dass er auf seinen Spottnamen besonders allergisch reagierte. Also riefen wir aus sicherer Entfernung,
„Dottel, Heilkräuterdottel"!
Sofort war der Teufel los. Eine schlimme Schimpftirade ergoss sich in unsere Richtung. Zwar konnte er nicht schnell genug laufen, um uns einzuholen, aber in seinem Krück-

stock hatte er eine wirkungsvolle Waffe. Große Fertigkeit besaß er im Stockwerfen. Er ließ den Spazierstock in seiner Hand rotieren, bis genügend Geschwindigkeit erreicht war und ließ ihn dann als Flugkörper in die Richtung von uns Spottnamenrufern los. Es war verblüffend, mit welcher Treffsicherheit er den Stock benutzen konnte. Für uns war es ratsam diesen Attacken angemessen auszuweichen. Zu erwähnen ist noch, dass sein Spazierstock nicht mit der üblichen Eisenspitze ausgestattet war. Als untere Begrenzung des Stockes diente eine Gummikappe, die auf dem Straßenpflaster nicht so leicht abrutschen konnte. Auch bildete die Gummikappe einen gewissen Schutz vor schlimmen Verletzungen bei denjenigen, die er wirklich einmal traf.

Eine besonders beliebte Beschäftigung für Fritz war das Basteln. Der aufgeschüttete Altmaterialhaufen in der öffentlichen Sammelstelle wirkte äußerst anziehend auf den jungen Mann. Immer suchte er hier etwas und immer konnte er auch etwas gebrauchen, das andere Leute weggeworfen hatten. So machte er sich wieder einmal an den Altmaterialien zu schaffen. Er war derart mit dem Suchen beschäftigt, dass er das Näherkommen des Dottels nicht bemerkte. Dieser schlich sich von hinten auf Wurfweite an. Ohne Vorwarnung ließ er seinen Spazierstock in der Hand rotieren und auf Fritz sausen. Gekonnt traf das Wurfgeschoss die verlängerte Rückenpartie des erschrockenen Altwarensuchers. Dass sich Fritz vor Schmerzen krümmte, erhöhte noch die Schadenfreude des Dottel. Er konnte sein höhnisches Lachen nicht zurückhalten, was Fritz wiederum zu allergrößtem Zorn reizte. Trotzdem zog er es vor, vom Ort der Tat zu verschwinden, um dem schadenfrohen Mann keinen Anlass zu weiterer Heiterkeit zu geben. Weniger die körperlichen Schmerzen waren es, die Fritz in nächster Zeit nicht mehr ruhen ließen. Vielmehr war es das höhnische Gelächter des Dottel nach dem feigen Anschlag, das geradezu nach Rache schrie. In den nächsten Tagen beobachtete Fritz immer wieder unauffällig den Dottel bei seinem täglichen Tun. Dabei überlegte er, wie er den Heilkräuterdottel für seinen hinterhältigen Stockwurf bestrafen könnte.

Der Dottel hatte sich eine dumme Eigenart angewöhnt. Alles was ihm vor die Füße kam, kickte er vor sich her. Lag etwas Unnutzes im Hof herum, kickte er es in die nächste Ecke. Besonders beliebt waren leichte Gegenstände aus Papier oder aus Pappe. Pappkartonagen waren eigentlich zum Verpacken der getrockneten Heilkräuter gedacht, aber immer wieder kam es vor, dass der Wind oder sonst ein Zufall die Pappkartons in den Hof wehte. Man konnte sicher sein, dass beim nächsten Vorübergehen der Dottel diese Papierbehälter mit einem Kick in die Ecke befördern würde. Diese Untugend war Fritz nicht verborgen geblieben. Sie passte vorzüglich in seinen Plan, den Dottel zu bestrafen. Er besorgte sich einen ordentlichen Pflasterstein und einen passenden Pappkarton. Der Stein kam in die Pappschachtel und diese wurde vorsorglich zugeklebt. Da der Dottel täglich zu annähernd festgelegten Zeiten seine Arbeitsrundgänge machte, wusste Fritz, wann er wohl wieder auftauchen würde. Der mit dem Stein beschwerte Karton wurde unauffällig im Altwarenhof aufgestellt und Fritz zog sich hinter die Gartenmauer zurück. Kurze Zeit später erschien der Dottel. Jetzt rief Fritz hinter der Mauer zweimal laut und vernehmlich:

„Dottel, Heilkräuterdottel!"

Wie von der Tarantel gestochen fuhr der Geschmähte herum und suchte den Bösewicht, der es wagte ihn beim Unnamen zu rufen. Da sich Fritz hinter der Mauer gebückt hatte, konnte ihn der Dottel nicht direkt sehen. Trotzdem lief er durch den Hof in die Richtung, aus der die Schmährufe gekommen waren. Dabei ließ er schon einmal seinen Spazier-

stock in der Hand rotieren. Er ging im Hof auf und ab, sah die Straße runter und schaute hinter den Hausecken nach, konnte aber niemanden finden. Ärgerlich ging er über den Hof zurück zu seiner Altwarenbox. Dabei kam ihm der so unauffällig als Falle aufgestellte Pappkarton gerade recht, um seine angestaute Wut abzureagieren. Mit aller Wucht trat er gegen das vermeintlich leere Wegehindernis. Diesmal jedoch ließ sich die Pappschachtel nicht wie üblich im hohen Bogen in die Ecke kicken. Im Gegenteil, der Dottel verspürte einen mächtigen Schmerz in seiner großen Fußzehe. Was ihn wiederum veranlasste, wehleidig zu klagen und zu jammern. Jetzt war Fritz derjenige der laut hörbar höhnisch hinter der Gartenmauer hervor lachte. Gar zu gerne hätte der Dottel seinen Stock nach dem schadenfrohen Burschen geschleudert, aber im Moment brauchte er den Krückstock um sich auf den Beinen zu halten.
Umgehend begab sich der Fußverletzte auf den Heimweg durch den Ort. Hinkend und mit wehleidigem Klagen bot er ein Bild des Jammers. Jeder der ihn nach seinem Missgeschick befragte, bekam nur klagende Worte zu hören. Über den wahren Unfallhergang erzählte er aus Scham und Eitelkeit kein Sterbenswörtchen. An den nächsten Tagen wurde der Dottel im Ort nicht gesehen. Das beruhigte Fritz ungemein, konnte er sich doch denken, dass seine Revanche voll gelungen war.

Die Überwälder Schuljugend bei der Heilkräutersammlung in den Kriegsjahren von 1941 bis 1945.
Als Heilkräuter wurden gesammelt: Fingerhutblätter, Brombeeren und deren Blätter, Haselnussblätter, Taubnesselblüten, Heidelbeeren, Eicheln, Bucheckern, Himbeeren und deren Blätter usw. Von den auf den Feldern heranwachsenden Kartoffelpflanzen mussten die Kinder die Kartoffelkäfer samt Eier und Larven ablesen.
Recht interessant ist in diesem Zusammenhang, dass in den ersten Jahren um 1941 jedes Schulkind, das einen Kartoffelkäfer fand, drei Tage schulfrei bekam. Für Kartoffelkäferlarven und Eier gab es einen Tag schulfrei. In den nächsten Jahren wuchs die Käferplage derart an, dass es Mühe bereitete, auch nur annähernd alle Schädlinge zu finden.

An allen Bekanntmachungstafeln, sowohl an den Bürgermeistereien wie auch in den Schulen, waren Aufrufe zur Schädlingsbekämpfung angeschlagen.

Merkblatt Nr. 5 (4. Auflage).   Mai 1932.

Deutscher Pflanzenschutzdienst

Achtet auf den Kartoffelkäfer,

der Deutschland von Frankreich her bedroht! Er wird mit Kartoffeln und Pflanzen aller Art verschleppt und fliegt auch über weite Strecken. Der Käfer und seine Larve fressen die Kartoffelfelder kahl und

richten schweren Schaden an.

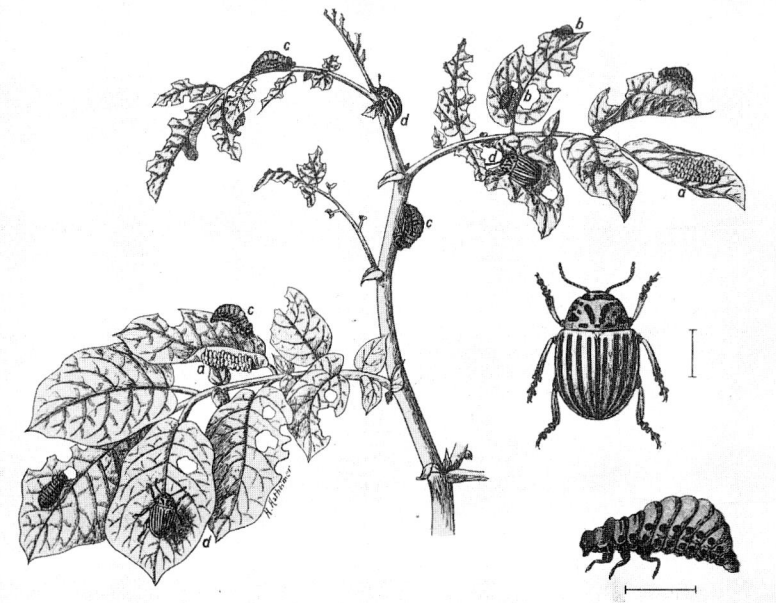

a) Eier   b) Junglarven   c) Ausgewachsene Larven   d) Käfer

Der Kartoffelkäfer lebt auf Kartoffelkraut und anderen Nachtschattengewächsen, besonders auf Tomaten, aber auch auf Kohl, Disteln, Knöterich, Melde, Hederich, Johannisbeersträuchern und Erdbeerpflanzen.

Wo sich der Schädling zeigt,
ist unverzüglich der Ortspolizeibehörde Mitteilung zu machen,
damit sofort Gegenmaßnahmen ergriffen werden können. Außerdem ist die zuständige Hauptstelle für Pflanzenschutz zu benachrichtigen.

Reichsdruckerei, Berlin

Gesangsunterricht

Gründer und 1. Direktor des Realgymnasiums Wald-Michelbach Carl Hertenstein

Erst nach den Wirren des Krieges war im Ort ein Realgymnasium gegründet worden. Zwar gab es im Dorf zu Kriegszeiten schon eine Nebenstelle des Gymnasiums der nahen Stadt. Man wollte damit den jungen Überwäldern nicht zumuten, bei den fast täglich stattfindenden US-Tieffliegerangriffen mit der Eisenbahn zu fahren. Das Gymnasium am Ort hatte natürlich viele Vorteile, entfielen doch damit die langen Anfahrwege mit der Bahn. Aber was war das für eine Schule und mit welchen Schwierigkeiten musste das damalige Lehrerkollegium fertig werden? Unterrichtet wurde aus Mangel an geeigneten Schulräumen in verschiedenen Gebäuden, die im gesamten Ort verteilt waren. Dazu gehörte neben den wenigen Schulräumen in der alten Schule der Wartesaal im Bahnhofsgebäude. Der Kindergarten konnte nur nachmittags genutzt werden, da an Vormittagen die Kleinsten der Gemeinde ihr Recht forderten. Der Tanzsaal der Dorfschänke war der größte Lehrraum und es gab noch den kleinen Unterrichtsraum neben der katholischen Kirche, das sogenannte Pfarrsälchen. Alle diese Räume waren notdürftig für den Unterricht hergerichtet worden. Besonders problematisch wurde es zur kalten Jahreszeit. Im Bahnwartesaal und auch im Saal der Dorfschänke waren große Rundöfen aufgestellt worden, die jedoch vor dem eigentlichen Unterricht angefeuert werden mussten. Um dies überhaupt zu ermöglichen, hatte jeder Schüler und jede Schülerin einen Brikett oder ein Stück Holz mitzubringen. Das Lehrerzimmer mit dem Direktorenbüro war provisorisch auf dem Bürgermeisteramt untergebracht. Die Lehrerschaft bemühte sich, so wie es den Umständen entsprechend möglich war, den Schülern guten Unterricht zu bieten. Es gehörte überhaupt sehr viel Mut dazu, unter diesen widrigen Umständen eine weiterführende Schule im Überwald zu gründen. Zu danken war dies einem durch die Kriegsereignisse in den Überwald verschlagenen ortsfremden Englischlehrer, der dank seiner Sprachkenntnisse in Verhandlungen mit der Besatzungsmacht und den Behörden die Genehmigung zur Einrichtung eines Gymnasiums in Wald-Michelbach erwirkt hatte. Auf Grund seiner geleisteten Vorarbeiten zur Schulgründung machte man ihn gleichzeitig zum 1. Direktor des neuen Realgymnasiums. Der Herr Direktor hatte neben seiner Funktion als Schulleiter auch normalen Unterricht zu geben. Dabei war sein Hauptfach Englisch. Er war zu mindest äußerlich eine gemütliche Person mit einigen Eigenarten. Er liebte das Rauchen guter Zigarren, die ihm, auch dank der guten Kontakte zu der US-Besatzungsmacht, nie ausgingen. So war es keine Seltenheit, dass er während des Unterrichts eine Zigarre anbrannte und sie genüsslich schmauchte. Bekam einer seiner Schüler davon einen Hustenanfall, belustigte ihn dies bestenfalls. Besonders erheiternd für uns Schüler war es, wenn er sich mit strenger Miene vom Katheder erhob, seine karierte Schildmütze und den Spazierstock vom Kleiderständer nahm und sich anschickte, während des Unterrichts die Schule zu verlassen. Er bestimmte noch einen Schüler als Aufpasser und mit den Worten, er müsse kurz zur amerikanischen Kommandantur, verließ er das Klassenzimmer.

Natürlich hatten wir schon längst herausgefunden, dass er nicht zu der Besatzungsbehörde unterwegs war, sondern um die Ecke in die nächste Kneipe. Dort beim „Sternwirt" bestellte er sich ein „Viertele-Wein" und ließ es sich schmecken.

Uns Schülern war eine solche Schulunterbrechung nur recht, konnten wir doch während dieser Zeit machen was wir wollten. Einige ganz mutige Schüler nutzten die Gelegenheit um gänzlich abzuhauen. Die restlichen Schüler brauchten in der sowieso engen Schulstube nur etwas zusammenzurücken, dann fiel das Fehlen eines Schülers gar nicht auf. Zur Sicherheit wurde an einer übersichtlichen Stelle des Hauses ein Posten aufgestellt, der das Zurückkommen des Direktors melden musste. So traf der Herr Direktor seine Klasse immer ruhig und arbeitsam nach seiner Rückkehr von seiner kleinen Zechtour an. Vielleicht war dies sogar der Grund, uns immer wieder alleine zu lassen.

Es war nur natürlich, dass auch Fritz die weiterführende Schule besuchte. Er hatte schon die Grundjahrgänge zu Zeiten als am Ort noch kein Gymnasium war, in der nahen Stadt besucht, war aber sofort nach der Gründung in das Heimatgymnasium gewechselt.

So lief der Schulalltag mit all seinen Problemchen Jahr für Jahr ab, ohne dass sich an der Schulraumnot etwas Entscheidendes geändert hätte.

Eines Tages wurden alle Schüler des Realgymnasiums von der ersten bis zur letzten Klasse in den größten Raum des Ortes, in den Saalbau des Dorfwirtes bestellt. Dort gab es keine Schulbänke, es standen nur Stühle verschiedenster Herkunft zur Verfügung. Alle Schüler drängten in den Saal, um einen freien Stuhl zu ergattern, denn für längst nicht alle war ein Sitzplatz vorhanden. Nach geraumer Zeit war es geschafft, alle hatten einen Platz gefunden, wenn auch verschiedentlich zwei Eleven auf einem Stuhl saßen. Es lag heute eine eigenartige Spannung über dem Geschehen, das besonders von der nervösen Lehrerschaft ausgelöst wurde. Am aufgeregtesten war der Herr Direktor. Er hatte, obwohl es nicht sonderlich warm war, Schweißperlen auf der Stirn, die er sich pausenlos mit einem karierten Schnupftuch abwischte. Endlich, nach wiederholtem Räuspern begann er eine Rede. Jetzt erfuhren wir, warum es die große Aufregung gab. Der Schulrat hatte eine offizielle Schulinspektion angesagt. Da war die Aufregung des Lehrerpersonals zu verstehen. Man wollte einen guten Eindruck hinterlassen und wollte zeigen, zu was die neue Schule fähig war. Es sollte zur Begrüßung des hohen Herrn ein Lied von der gesamten Schülerschaft vorgetragen werden. Heute war die erste Übungsstunde angesetzt. Zum Vortrag wollte man einen Kanon bringen. Die einzige weibliche Lehrerin musste das ausgewählte Lied vorsingen. Jetzt mussten wir Schüler gemeinsam das Lied mehrmals nachsingen, die Lehrerin betätigte sich als Dirigentin. Der gemeinsame Liedvortrag gelang so leidlich. Nun wurden wir Schüler und Schülerinnen in drei Gesangsgruppen aufgeteilt, die eine Gruppe saß in der linken Saalhälfte, die nächste war die Mittelgruppe und die dritte Gruppe nahm die rechte Saalhälfte ein. Nun begann der Kanongesangsunterricht. Man kann sich vorstellen, dass bei so vielen Schülern, manche schon im Stimmbruch, das Einstudieren eines Kanons nur mit unendlicher Geduld der Lehrerschaft Fortschritte machte.

Gesangsunterricht

Schon beim Platznehmen war mir aufgefallen, dass Fritz in der Reihe hinter mir saß. Mitten im Gesangsunterricht schubste er mich von hinten an und raunte mir ins Ohr, wir, die wir vor ihm saßen, sollten sich aufrecht und recht breit aneinander setzen. Ich gab den Befehl unauffällig an meine Sitznachbarn weiter. Wir setzten uns enger zusammen und streckten uns. Fritz begann in aller Ruhe seine Schulmappe auf den Oberschenkeln auszubreiten, packte sein Schulheft aus und begann mit dem Füllfederhalter seine Schulaufgaben zu erledigen.

Die Lehrerschaft, im besonderen die Gesanglehrerin, bemühte sich innigst den Kanon einzustudieren. Sangen die Schülergruppen einzeln, ging es so leidlich, aber das Kanonsingen aller drei Gruppen mit unterschiedlichen Einsätzen war eine Katastrophe. Jedes Mal versagte eine Gruppe bzw. fiel in Text und Melodie in den Gesang der anderen Gruppe ein. Von einem Dreigesang konnte keine Rede sein. Der Direktor war einem Nervenzusammenbruch nahe. Um sich abzureagieren und um die besonders schwache linke Gesangsgruppe zu unterstützen, ging er seitlich den freien Gang entlang bis zur letzten Reihe. Fritz, der dort in der Reihe saß, war derart in seine Schularbeiten vertieft, dass er die drohende Gefahr nicht erkannte. Als wir ihn endlich warnen konnten, war es schon zu spät. Der Schulleiter hatte das frevlerische Tun von Fritz schon erkannt. Fritz selbst musste eigentlich auch schon längst die nahende Gefahr erkannt haben, aber er tat noch immer so, als ob er nichts bemerke. Er schrieb ruhig mit seinem Füllfederhalter in sein Schulheft. Jedoch begann er jetzt ziemlich laut und falsch bei den laufenden Gesangsübungen mitzusingen. Wir, die unmittelbar um ihn herum saßen und das drohende Ungemach in Form des Herrn Direktor kommen sahen, sangen ebenfalls so laut wir nur konnten. Es half alles nichts. Die anderen Schüler und Schülerinnen hatten natürlich das aufziehende Gewitter mitbekommen und beendeten in Erwartung der Dinge die da kommen mussten, nach und nach, ihr Singen. Letztlich sangen nur noch Fritz und wir, die in unmittelbarer Nachbarschaft saßen. Obwohl Fritz stur auf sein Heimarbeitsheft blickte und weiter sang, sah er doch aus den Augenwinkeln jede Bewegung des aufgebrachten Lehrers. Dieser war mittlerweile hinter der Sitzreihe von Fritz angekommen. Mit hochrotem Kopf und etwas Schaum auf den Lippen stand er da. Man merkte, dass er im nächsten Augenblick explodieren würde. Die ausgesprochen lässige Art von Fritz, einfach beim Gesangsunterricht die Hausaufgaben zu machen, war für den Direktor in seiner angespannten Situation zu viel, er konnte die aufgestaute Wut nicht länger zurückhalten. Hierbei steigerte er sich derart in seinem Zorn, dass er die Hand erhob, um den nach seiner Meinung Schuldigen am Misslingen der Chorprobe handgreiflich zu bestrafen. Das Erheben der rechten Hand und ihre Bedeutung schien Fritz von früheren ähnlichen Gelegenheiten zu kennen. Er duckte sich nach der Seite ab und riss den rechten Arm nach oben, um eine abwehrende Haltung gegen den drohenden Schlag einzunehmen. Unglücklicher Weise hatte er dabei immer noch seinen Füllfederhalter in der Hand. Der Herr Direktor war derart blind vor Zorn, dass er zuschlug, ohne die Schlagkraft zu vermindern. Es ist nicht anzunehmen, dass Fritz eine böse Absicht verfolgte, in dem er zur Abwehr den Federhalter benutzte. Jedenfalls traf die schlagende Direktorhand genau die Federhalterspitze. Diese bohrte sich in den Handteller. Mit einem beklagenswerten Schmerzensschrei erhob der Schulallgewaltige die rechte Hand in welcher der Füllfederhalter steckte. Sicherlich wollte er mahnend und anklagend der versammelten Schülerschaft zeigen, welche frevlerische Tat soeben geschehen war.

Gesangsunterricht

Wohl noch nie während meiner gesamten Schulzeit war es bei einer Zusammenkunft so vieler Schüler jemals in einem großen Saal so mucksmäuschen still gewesen wie in den nächsten Minuten. Jeder Schüler starrte auf den geschundenen Schuldirektor, dessen gestrenger Gesichtsausdruck einem wehleidigen Mienenspiel gewichen war. Mittlerweile waren zwei andere Lehrer dem Direktor zu Hilfe gekommen, um ihn zum nächsten Arzt zu begleiten. Aus dem geplanten Empfang des Schulrates mit Gesangseinlage wurde nichts. Der Chorgesang musste ausfallen. Zum offiziellen Empfang hatte sich der Schulleiter krank gemeldet, denn er konnte den hohen Besucher nicht per Handschlag begrüßen. Trotzdem fand der oberste Herr der Schulbehörde bei seiner Visite alles in Ordnung. Er verteilte sogar lobende Worte an Lehrer und Schüler für die geleistete schulische Arbeit bei der vorhandenen Schulraumnot. Auch vergaß er bei seiner Abschlussrede nicht, den Gymnasiumsgründer und heutigen Direktor der Schule anerkennend zu erwähnen und wünschte ihm eine baldige Genesung. So löste sich alles in Wohlgefallen auf. Nachdem Fritz seinen lädierten Füller zurück erhalten hatte, war die peinliche Geschichte bald vergessen. Auch für den hohen Herrn Direktor war der Vorfall eine heilende Lektion. Zukünftig vermied er es strickt, uns Schüler handgreiflich zu ertüchtigen.

Elli

Es kam eine Zeit, in der Fritz für uns jüngere Schulkameraden nicht mehr so ansprechbar war. Er hatte andere Ambitionen und ließ uns dies auch deutlich merken.
Im letzten Kriegsjahr war eine Familie in den Ort gekomen, für deren Tochter sich Fritz besonders interessierte. Diese Familie war vor der in Ostdeutschland einrückenden russischen Armee nach Westen geflohen. Sie mussten ehemals recht vermögend gewesen sein, hatten aber all ihre Habe zurücklassen müssen und kamen hier gerade mit dem an, was sie am Leibe tragen konnten. Der jüngste Sohn der Familie war in unserem Alter und kam auch zu uns in die Klasse. Von ihm erfuhren wir, dass seine Eltern in Ostpreußen ihre Heimat und eine Fabrik mit immerhin sechshundert Angestellten zurücklassen mussten. Da man in der Produktion Rüstungsgegenstände fabriziert hatte, zog man es vor durch die Flucht dem Zorn der einrückenden Russen zu entgehen. Zuerst glaubten wir dem schmächtigen Burschen seine Erzählungen vom Fabrikbesitz nicht so recht, aber er konnte bald Beweismaterial in Form von Fotografien vorlegen, auf denen deutlich das Firmenschild mit Namen zu sehen war. Dieser Junge hatte eine ältere Schwester mit Namen Elli. Sie war etwas jünger als Fritz und besuchte die selbe Klasse im Gymnasium. Man konnte der jungen Dame sofort ansehen, dass sie aus gutem Hause stammte. Sie war gut erzogen, ihr Aussehen und Auftreten war dem Alter entsprechend stolz und sicher. Von Statur war sie klein und zierlich, jedoch ihre Figur ausgesprochen weiblich. Man konnte sagen, sie war eine kleine Schönheit. Im Schulunterricht gehörte sie natürlich zu den Besten. Die Schönheit und Intelligenz der jungen Dame hatte bei allen flüggen Schülern Aufmerksamkeit erweckt, sie war außerhalb des Unterrichtes ständig von männlichen Verehrern umgeben. Während der Schulpausen konnte man sehen, wie sich mehrere Burschen in ihrer Nähe aufhielten und ihr schöne Augen machten. Zu den Mitbewerbern um die Gunst der schönen Maid gehörte auch Fritz. Elli machte es den jugendlichen Verehrern äußerst schwer. Sie behandelte alle mit freundlicher Liebenswürdigkeit, ohne auch nur einem Verehrer besondere Hoffnungen zu machen. Fritz war am hartnäckigsten und ausdauerndsten beim Werben um die Gunst von Elli. Bei öffentlichen Tanzveranstaltungen war ihr Tisch stets von jungen Burschen umlagert, die auf einen Tanz mit Elli hofften. Nicht selten kam es vor, dass zwei Tänzer mit dem Einsetzen der Tanzmusik auf Elli losstürmten, um sie zum tanzen aufzufordern. So war es für Fritz schwer, einen Tanz mit dem Mädchen zu bekommen. Gelang es ihm aber doch, so konnte man beobachten, wie er sie und sie ihn anstrahlte. Sie schmiegte sich ganz eng an ihren Partner und ließ sich im Takt der Musik von ihm führen. Beide waren ein hübsches Paar, sie klein und zierlich, er groß und kräftig. Mittlerweile waren Elli und ihre Familie schon länger als zwei Jahre im Ort ansässig. Immer öfter sah man nun Fritz und Elli beisammen stehen oder gemeinsam durch den Ort spazieren. Offensichtlich hatte sie dem steten Werben von Fritz nachgegeben und bevorzugte ihn gegenüber den Nebenbuhlern. Das hatte zur Folge, dass sich mancher Verehrer aus dem Bewerberkreis grollend löste und die Gunst anderer Damen suchte. Für Fritz bedeutete jedes Aufgeben eines Mitverehrers einen weiteren Erfolg auf dem Wege zum endgültigen Gewinn der Liebe seiner Angebeteten.
Es waren eigentlich Schulferien, trotzdem wurde wieder einmal einer verstorbenen Größe unseres Vaterlandes mit einer entsprechenden Feier in der Schule gedacht. Die Feierlichkeiten zogen sich bis zum Abend hin. Als wir endlich die Schule verlassen

durften, war es schon ziemlich dunkel. Zufällig kam ich auf der Schultreppe hinter Fritz und Elli zu gehen. Mir fiel auf, dass beide heute besonders gut gelaunt waren. Sie lachten und scherzten miteinander. Auch musste ich mich wundern, dass beide nicht den üblichen Heimweg wählten, sondern in Richtung Wald im Dunkeln verschwanden. Von dieser Zeit an, sah man Fritz und Elli nur noch beisammen und sehr intim während der Pausen im Schulhof stehen. Manchmal konnte man sogar die beiden jungen Leute beobachten, wie sie händehaltend im Dorf spazieren gingen. Offenbar hatte nun Fritz endgültig die Zuneigung von Elli gewonnen und beide waren ein Liebespaar.

Lange ließ sich Elli Zeit, bis sie dem Liebeswerben von Fritz nachgab. Nun, da sie sich entschieden hatte, war ihre Liebe um so größer. Den Beweis dafür musste sie recht bald erbringen.

Ihre Eltern waren in der Gemeinde nicht recht heimisch geworden. Sie waren das Stadtleben gewohnt und auf dem Lande nicht besonders glücklich. Auch erschlossen sich Ellis Vater anderweitig neue berufliche Möglichkeiten. Wohl deshalb entschloss sich die Familie fortzuziehen. Die Nachkriegsverhältnisse hatten sich soweit normalisiert, dass dies problemlos möglich war. Jetzt kam Elli in schwere Not. Sie musste sich entscheiden, entweder mit ihrer Familie zu gehen oder bei ihrem geliebten Fritz zu bleiben.

Ellis Eltern versuchten natürlich, ihre Tochter unbedingt mitzunehmen. Vielleicht war ihnen auch eine so frühe Bindung mit einem Burschen aus dem Dorf nicht sonderlich angenehm. Aber Ellis Liebe zu Fritz war stärker, sie beschloss zu bleiben, während die Eltern und der Bruder in die ferne Stadt umzogen. Die möblierte Wohnung, welche die Eltern bisher bewohnt hatten, blieb Elli auch weiterhin als Unterkunft erhalten. Fritz war über diese Entscheidung hoch erfreut.

In nächster Zeit waren Fritz und Elli noch öfters beisammen. Bei allen Gelegenheiten konnte man das junge Liebespaar im Ort gemeinsam sehen.

Spanner

Es war im Frühsommer so etwa Mai / Juni, wir Jüngeren waren gerade im Pubertätsalter. Manche hatten auch schon Stimmbruch. In dieser Zeit erwachten in uns Gefühle, die wir vorher nicht gekannt hatten. Voller Neid und Neugierde sahen wir den in der Natur spazieren gehenden Liebespärchen nach. Natürlich blieb es nicht nur beim Nachsehen. Wir spionierten den Liebespaaren regelrecht nach und belauschten sie bei jeder Gelegenheit. Diese Art von Liebespaarbelauschen wurde von uns „spannen" genannt. Damit waren wir die „Spanner", so nannten uns jedenfalls die belauschten Liebesleute.
Um den Sport „spannen" auszuführen, als Sport ist dies wohl zu bezeichnen, denn es waren auch Gefahren damit verbunden, wie sich noch herausstellen sollte. Wir hatten dazu eine besondere Technik entwickelt. Durch Beobachtungen hatten wir festgestellt, dass das Heringswäldchen ein auffallend oft besuchtes Ausflugsziel von Liebespaaren war. Dieses Waldstück lag etwas außerhalb des Dorfes auf einer nahen Anhöhe. Da es Privateigentum war, stand es außerhalb der pflegenden Hand der Forstbehörde und war somit etwas verwildert, man könnte sagen wild romantisch. Das war der Grund, warum sich die Liebespaare hier so gerne trafen.
An Sonntagnachmittagen war die beste Zeit, um auf unsere Weise interessante Beobachtungen zu machen. Ohne vorherige Absprache trafen wir „Spanner" uns am Waldrand. Von hier hatte man eine gute Sicht auf den zum Heringswäldchen führenden Weg aus dem Dorf. Kam ein Pärchen von dem wir wussten, dass sie miteinander verheiratet waren, lohnte sich die Weiterverfolgung nicht. Kam ein Pärchen in großem Abstand zueinander gehend, wussten wir aus Erfahrung, dass hier keine besonderen Liebesabenteuer zu erwarten waren, denn ihr Verhalten ließ auf Unerfahrenheit schließen. Kam aber ein Liebespärchen eng umschlungen mit einem verklärten Gesichtsausdruck, so waren alle Voraussetzungen für einen amüsanten Spätsonntagnachmittag unsererseits gegeben. Die Liebesleute selbst wurden von uns wieder in Gruppen eingeteilt. Da waren einmal die ständigen Waldbesucher aus Liebe. Sie hatten ihr Lieblingsplätzchen im dichten Wald und gingen ohne Umwege darauf zu. Diese Liebesleute waren uns natürlich am liebsten, denn wir wussten im Voraus, wohin sie sich begeben würden. Auch wir kannten dort im Unterholz die besten Verstecke. Zu einer anderen Gruppe Liebespaare waren Jungverliebte zu rechnen, die zum ersten Mal oder einmalig zum trauten Miteinander in den Wald kamen. Hier stand uns eine schwere Prüfung bevor, denn wir mussten unbemerkt diese Paare verfolgen. Dabei ging es manchmal kreuz und quer durch den Wald und wir zogen Deckung suchend, immer hinterher, so wie wir es in Karl Mays Erzählungen gelesen hatten. Meistens war in diesen Fällen unsere ganze Mühe umsonst. Entweder wurden wir vorzeitig entdeckt, oder das junge Paar war wirklich nur zum Spaziergang in den Wald gekommen. Ein plötzlich aufziehender Regenschauer konnte ebenso unsere sehnsüchtigen Erwartungen zunichte machen.
Als folgenschweres Beispiel in diesem Zusammenhang darf die folgende Geschichte nicht unerwähnt bleiben.
Zu den ständigen Waldbesuchern aus Liebe mit festem Liebesplatz gehörten auch Fritz und Elli. Fritz hatte eine ganz besonders romantische Stelle für seine Zweisamkeit mit Elli ausgesucht. Mitten im Unterholz, weit ab vom nächsten Waldweg, war eine grasbestandene kleine Lichtung. Hier trafen sich die Jungverliebten gerne. Oft hatten wir Fritz und Elli schon vom Waldrand aus beobachtet, aber bisher hatten wir noch nicht den Mut

gefunden, hinter den beiden herzuspionieren. So saßen wir wieder einmal am Waldrand auf Posten, um die vom Dorf heranspazierenden Liebesleute zu erwarten. Heute war wenig los, bis endlich eng umschlungen Fritz und Elli einherspaziert kamen. Wohl weil heute keine anderen Lauschopfer aufgetaucht waren, vielleicht auch weil heute mehrere und einige größere Burschen mit von der Partie waren, trauten wir „Spanner" uns an das Abenteuer Fritz und Elli. Wir wussten sofort Bescheid und begaben uns vorab an die von Fritz bevorzugte Waldlichtung. Dort angekommen, versteckten wir uns im dichten Unterholz, jedoch so, dass noch ein guter Blick zur Lichtung möglich war. Fritz und Elli setzten sich ins Gras, unterhielten sich und ab und zu küssten sie sich verliebt. Derartiges züchtiges Liebesspiel war nicht unbedingt das, was wir zu sehen gehofft hatten. Es dauerte unendlich lange bis es zu einer Umarmung mit neckischen Vorspielchen der beiden kam. Jetzt, da es interessant zu werden schien, hatte wohl einer der „Spanner" versucht, bessere Sicht zu bekommen und war unvorsichtigerweise auf einen dürren Ast getreten. Das Knacken im Unterholz hatte Fritz sicherlich gehört. Unendlich langsam ließ er von Elli ab, zog die Beine zum Sprung an, ruckartig stand er auf und rannte mit großen Sätzen auf unser Versteck zu. Wir sahen die drohende Gefahr kommen und sprangen in panischer Angst auseinander. Instinktiv rannten wir bei Gefahr immer bergab, denn bergauf hätte uns ein körperlich stärkerer Gegner schon auf kurzer Strecke eingeholt und Fritz sowieso, das war uns allen klar. So ging die wilde Jagd quer durch das Unterholz des Waldes immer bergab. Wir hatten schon fast das freie Feld erreicht, als ich über eine Baumwurzel strauchelte und zu Boden fiel. Vor Angst und Schrecken blieb ich wie gelähmt am Boden liegen und rollte mich zusammen wie ein Igel, um den zu erwartenden Schlägen so wenig wie möglich Angriffsfläche zu bieten. Eigenartigerweise beachtete Fritz mich überhaupt nicht, er rannte unmittelbar an mir vorbei den anderen Flüchtigen hinterher. Ungläubig rappelte ich mich auf und trat nach einer Weile aus dem Wald. Nun konnte ich die weitere Flucht und Verfolgung gut beobachten. So wie mich Fritz unbeachtet gelassen hatte, so ließ er auch andere Spanner unbeachtet. Manchmal hatte er wieder einen eingeholt, dessen Puste ausgegangen war, aber auch um ihn kümmerte er sich nicht. So konnte man nicht unbedingt aus der Ferne feststellen, wer eigentlich wen verfolgte. Alles rannte in wilder Flucht über Wiesen und Felder dem Tal entgegen. Langsam wurde es deutlich: Fritz verfolgte nur eine bestimmte Person, dies war „Glässer", der älteste und stärkste unter uns Spannern. Er war voll ausgewachsen und konnte schon als junger Mann bezeichnet werden. Alle anderen Burschen waren überholt, nur Fritz und Glässer waren noch am Rennen. Kurz vor dem Ortseingang, schon im Tal, mussten Verfolgter und Verfolger einen kleinen, mit Gestrüpp bewachsenen Hain durchqueren. Der Abstand der beiden Akteure war verdächtig gering geworden, so musste wohl Fritz den Glässer im Gebüsch eingeholt haben, denn vorerst kam von den beiden keiner mehr heraus. Kurze Zeit später kam Fritz durch die selbe Stelle im Gebüsch wieder heraus, durch die beide hinein gelaufen waren. Er kam nun alleine querfeldein zum Heringswäldchen gelaufen. Sicher wollte er Elli im Wald abholen. Wir ertappten Spanner zogen es vor im großen Bogen in der Gegenrichtung ins Ort zurückzukehren. Was nun wirklich im Gebüsch vorgefallen war, konnten wir vorerst nur ahnen. Als ich am nächsten Morgen zur Schulzeit meinen Spannerfreund Glässer wieder sah, bekam ich einen gehörigen Schreck. Sein linker Augendeckel war derart geschwollen, dass er das Augenlid nicht öffnen konnte. Der rechte Augendeckel war ebenfalls geschwollen, aber wenigstens konnte er das Lid etwas anheben und so blinzelnd seine

Umwelt besehen. Auch hatten beide Augenpartien und die Wangenknochen eine eigenartige grün-blaue Färbung. Den einen Arm trug er in einer Stützbinde und beim Gehen merkte man, wie er hinkend das eine Bein nachzog. So besehen machte der arme Glässer einen bemitleidenswerten Eindruck. Wir anderen Spanner fühlten uns in unserer Haut nicht wohl, denn jeder wusste wohl, es hätte ebenso gut einen von uns treffen können.

Die folgenden Sommersonntagnachmittage verbrachten wir wieder im Wald, aber es kam keiner mehr auf die Idee, ein Liebespaar zu belauschen.

Gymnasiums-Klasse vor der Adam-Karrillon-Schule im Jahre 1947.
In der 2. Reihe sitzend rechts außen: Fritz.
Hinten die Vierte von links: Elli.

Wilde Jagd

Es muss wohl im Frühjahr 1947 gewesen sein. Die amerikanische Besatzungsmacht hatte bei Kriegsende unter Androhung der Todesstrafe alle Schusswaffen, die im Besitz eines deutschen Bürgers waren, einsammeln lassen. Selbst Förster und Jäger bildeten hier keine Ausnahme.

Handfeuerwaffen, wie Karabiner und Pistolen aus ehemaligen deutschen Wehrmachtsbeständen, konnte man zu dieser Zeit immer wieder in Wald und Flur finden. Sie waren achtlos von deutschen Landsern beim Zurückweichen vor der anrückenden US-Militärmacht weggeworfen worden. Wie streng die US-Militärbehörde unerlaubten Waffenbesitz ahndete, soll nachfolgend angeführtes Beispiel verdeutlichen.

Heinz und Karl, zwei etwa siebzehnjährige Burschen aus dem Ort, kamen, durch welchen Umstand auch immer, in den Besitz von zwei Karabinern der Marke 98 K der ehemaligen deutschen Wehrmacht. Waffenbegeisterte Menschen gibt es heute und gab es auch damals. Munition war auch vorhanden. So gingen sie in den Wald, um das gefährliche Spiel mit den schussbereiten Gewehren an einer geeigneten Stelle zu versuchen. Auf dem Weg dorthin wurden sie von einer US-Militärstreife im Jeep erwischt. Beide wurden festgenommen, obwohl sie noch nicht einen Schuss abgefeuert hatten, und von einem US-Militärgericht zu 1,5 Jahren Gefängnis verurteilt. Der Strafvollzug musste sofort angetreten werden. Da beide in einer Berufslehre standen, verzögerte sich ihre Ausbildung um diese Zeit.

Wie beschrieben, war das Führen von Waffen jeglicher Art deutschen Bürgern strengstens untersagt. Besonders das in den weiten Wäldern des Überwaldes schon immer recht zahlreiche Wild konnte sich unter solchen Voraussetzungen ungehindert vermehren. Der Wildreichtum wurde zur wahren Landplage. Leidtragende waren besonders die Bauern. Die junge Saat auf den Feldern wurde vom Rotwild abgefressen, während Rüben- und Kartoffelfelder vom Schwarzwild aufgesucht und durchwühlt wurden. Eine Rotte Wildschweine konnte in einer Nacht einen Kartoffelacker komplett umwühlen und für eine Ernte unbrauchbar machen. Die Überwälder Bauern versuchten mit allerlei Schutzmaßnahmen der Plage Herr zu werden. Auf den Feldern wurden menschenähnliche Schreckpuppen aufgestellt. Andere hoben Gruben aus, die mit Reisig und dünnem Astwerk bedeckt wurden. Man hoffte in der Falle wilde Schadtiere zu fangen. Man versuchte es auch durch eine Einzäunung der Felder zum Waldrand hin. Aus Mangel an Maschendraht, der für derartige Zwecke am besten geeignet gewesen wäre, baute man Holzzäune aus selbst geschlagenen Baumästen. Der Nutzen all solcher Aktionen war mehr als bescheiden. Das Wild fand immer wieder einen Durchschlupf zu den Feldfrüchten. Auch kein Holzzaun kann den kräftigen Rüsseln des Schwarzwildes widerstehen. Manche Bauern oder Kleinviehhalter griffen in ihrer Not gar zu frevelhaftem Tun, indem sie an den Waldrändern Drahtschlingfallen installierten. Diese für Tiere äußerst qualvolle Tötungsmethode war schon immer, so auch damals, gesetzlich verboten. Auch hier hatten wir Schulkinder und die Lehrerschaft wieder Sammeldienste zu leisten. Von Zeit zu Zeit ging es in den Wald, um die aufgestellten Schlingfallen zu suchen und zu entfernen.

Unter den US-Besatzungsstreitmächten befanden sich auch Freunde der Jagd. Des Öfteren kamen sie mit ihren Jeeps in den Überwald gefahren und betrieben auf eigene Faust willkürlich das Weidwerk in den umliegenden Wäldern. Dazu engagierten sie gerne einheimische Jagdhelfer, die sie zu den besten Wildbeständen führen mussten. (Vergleiche dazu das Titelbild). Sie ballerten auf alles, was sich bewegte. Für Waldarbeiter und Spaziergänger war der Aufenthalt in den Wäldern zu dieser Zeit lebensgefährlich. Von einer planmäßigen Jagdbewirtschaftung konnte keine Rede sein. Von kommunaler Seite wurden die US-Hobbyjäger aufgefordert, Treibjagden durchzuführen. Dazu hatte die örtliche Gemeinde die Treiber zu stellen. Bei dieser Art der Jagd wurde ungeheuer viel geschossen. Aber der angestrebte Erfolg, die Reduzierung des übergroßen Wildbestandes, konnte nicht erreicht werden. Vereinzelt wurden auch Treiber durch Schüsse verletzt. Darauf verweigerten diese zukünftig ihre Mithilfe.

Die Bauern in ihrer Not forderten immer öfter die verantwortlichen Förster und Jagdpächter auf, mehr gegen den hohen Wildbestand zu unternehmen. Aber hier waren den Jägern ohne Gewehre die Hände gebunden. Herr Kraut, als Jagdpächter eigentlich für diese Angelegenheiten zuständig, machte da keine Ausnahme. Als Tierarzt musste er sich die Beschwerden der Landwirte bei den täglichen Krankenbesuchen in den Gehöften besonders oft anhören. Seine beschwichtigenden Worte beruhigten die aufgebrachten Bauern nicht mehr. Der Jagdpächter Kraut musste sich etwas einfallen lassen und zwar bald.

Einem Gesuch bei den Behörden auf Benutzung einer Schusswaffe, wurde aus bekannten Gründen nicht stattgegeben. Vater Kraut war ob der Auswegslosigkeit seiner Lage sehr niedergeschlagen. Entgegen seinen sonstigen Gewohnheiten berichtete er seiner Familie beim Abendbrot über die ungelösten Jagdprobleme. Zwar konnte er nicht auf Hilfe hoffen, aber es erleichterte ihn doch sichtlich, über seine Sorgen mit Jemandem geredet zu haben. Fritz hatte dabei aufmerksam zugehört. Im Augenblick wusste er auch keine Lösung, aber es war für ihn selbstverständlich, über die Sorgen des Vaters nachzudenken.

Einige Tage später lief Fritz im Dorf der allgemein bekannte Schäferhund Greif über den Weg. Greif war ein gefürchteter bösartiger Kettenhund. Er war im Besitz des Kleinbauern Spätzer. Normalerweise lag der Hund angekettet im Hof des Bauern vor seiner Hundehütte und bewachte aufmerksam den Besitz seines Herrn. Ab und zu konnte das Tier entkommen, dann rannte es schnurstracks in den Wald. Dort trieb der Hund ein grausiges Spiel. Als streunender Räuber stellte er dem Wild nach und hetzte es zu Tode. Erst als er abgemagert und entkräftet war, kam er wieder zu seinem Herrn zurück. Oft schon hatte der Jagdpächter Kraut, als er noch mit der Waffe zur Jagd gehen konnte, den Kettenhund bei seiner Wilderei beobachtet, konnte ihn aber nicht erwischen. Gutes Zureden beim Bauern Spätzer, den wilden Hund nicht von der Kette zulassen, führte auch nicht zu einer Lösung. Der Bauer behauptete, sein Hund würde so etwas nicht machen. Der Verdacht, dass der Bauer selbst mit der Wilderei seines Hundes in Verbindung stehen könnte, musste unbewiesen bleiben. Diese negative Eigenschaften des Schäferhundes Greif waren Fritz bekannt. So reifte in ihm der Plan, den Hund durch gezielte Maßnahmen zur Reduzierung des überhöhten Wildbestandes im Revier seines Vaters einzusetzen. Vorerst hatte er jedoch noch Bedenken, dem korrekten Weidmann diesen verwegenen Plan zu unterbreiten. Doch eines Abends, der geplagte Vater sprach wieder einmal über sein Unvermögen der Wildplage Herr zu werden, fasste sich Fritz ein Herz und erläuterte seinem Vater den Plan mit dem wilden Hund als Tierfänger. Äußerst sensibel und mit abgewogenen Worten hatte Fritz versucht, seinem Vater den Vorschlag zu unterbreiten, zu genau wusste er, wie der alte Jäger auf unweidmännisches Verhalten reagieren würde. Was Fritz befürchtet hatte, trat ein. Kaum hatte der alte Weidmann den

Vorschlag in vollem Umfang verstanden, begann er auf strengste Weise seinen Sohn auszuschimpfen. Es ging dem alten Jägersmann gegen die Weidmannsehre auf eine solche Art das geliebte Weidwerk auszuüben. Er schalt seinen Sohn einen großen Toren und damit war die Sache im Moment erledigt. Fritz zog sich schmollend zurück und über die Sache wurde vorerst nicht mehr gesprochen.

Gerade jetzt im Frühjahr waren die Wildschäden wieder besonders groß. Die Beschwerden der Bauern nahmen zu. Bei jedem der berechtigten Vorwürfe musste Herr Kraut über den Vorschlag seines Sohnes mit dem Kettenhund nachdenken. Etwas musste Geschehen und ein schlechter Vorschlag war besser als gar keiner. Als er wieder einmal zufällig beim Bauern Spätzer vorbei kam, musste er unwillkürlich nach dem Kettenhund sehen. Einstmals hatte der Tierarzt dem Hund bei einer Verletzung die Schmerzen lindern können, wohl diesem Umstand war es zu danken, dass das sonst so wilde Tier beim Erscheinen des Tierdoktors auf dem Hof nicht zu bellen begann. Er lag, in typischer Lauerstellung vor seiner Hütte und schaute dem Eindringling misstrauisch entgegen. Doktor Kraut, als nicht allzu mutig bekannt, blieb in gebührendem Abstand vor dem Hund stehen und überdachte dabei den unweidmännischen Vorschlag seines Sohnes. Aus der Rocktasche holte er einige Stück Würfelzucker, die er immer zur Behandlung von kranken Pferden dabei hatte und warf sie dem lauernden Kettenhund vor die Schnauze. Mit genüsslichem Wohlbehagen knabberte der Hund die Leckerei. In nächster Zeit richtete es der Tierarzt so ein, dass er fast täglich einmal beim Spätzerhof vorbeikam, um den Hund Greif mit Schleckereien zu verwöhnen. Mal war es eine abgezogene Wursthaut, mal war es eine ausgekochte Speckschwarte, Schließlich wurde das Vertrauen des Hundes zu seinem Wohltäter so groß, dass er sich von ihm sogar streicheln ließ.

Das sonderbare Treiben auf seinem Hof war natürlich dem Bauern Spätzer nicht unbemerkt geblieben. Es wunderte ihn ungemein, dass ausgerechnet der Jagdpächter seinen als Streuner verrufenen Kettenhund mit derartigen Leckereien verwöhnte. Bald konnte er seine Neugierde nicht mehr zurückhalten und fragte den Tierarzt nach dessen sonderbarem Verhalten. So plötzlich nach dem Grund seiner übertriebenen Tierliebe befragt, konnte der Weidmann nicht mehr ausweichen. Unumwunden erklärte er dem Bauern, zu welchem Zweck er eventuell den scharfen Hund einzusetzen gewillt war. Dem schlitzohrigen Spätzer konnte ein solches Vorhaben nur von Nutzen sein. Auf unbewiesene Art war der Hund sowieso schon öfters zum Wildern unterwegs gewesen, wenn dieses Treiben jetzt auf legaler Weise geschehen sollte, konnte dies nur zu seinem Vorteil sein. Er hatte zwar nur eine kleine Bauerei, aber auch seine Felder hatten unter dem einfallenden Wild zu leiden. Sichtlich froh über die Einwilligung des Bauern zu dem gewagten Vorhaben, verließ Kraut das Gehöft.

An einem der nächsten Tage kam Herr Kraut wieder zum Bauern Spätzer. Diesmal hatte er neben einer kleinen Schleckerei auch eine kräftige Hundeleine mitgebracht. Mit Hilfe des Bauern wurde der Hund an die Hundeleine gebunden. Das Tier ließ alles willig mit sich geschehen. So verließen Hund und Tierarzt gemeinsam den Hof. Der Spätzer konnte es sich nicht verkneifen, ein spöttisches „Weidmannsheil" den beiden nachzurufen.

Im Hause Kraut versuchte der Hausherr dem Wolfshund wenigstens die elementarsten Dinge des Hundegehorsams beizubringen. Das war bei dem ausgewachsenen Kettenhund sehr schwer. Aber mit vielen Mühen und mit bestem Futter waren nach einiger

Zeit Fortschritte erkennbar. Der Hund hatte bald begriffen, dass wenn jemand ihn bei seinem Namen rief und er der Aufforderung Folge leistete, er mit einer Belohnung rechnen konnte.

All die Bemühungen des Vaters mit dem Hund beobachtete Fritz mit großer Genugtuung. Befriedigt konnte er feststellen, dass der alte Herr, trotz innerer Gegenwehr, den Vorschlag angenommen hatte.

Als der Schäferhund einigermaßen auf die Zurufe seines Ziehvaters hörte, wollte Herr Kraut einen ersten Jagdversuch wagen. Er sagte beim Mittagstisch seinem Sohn Fritz Bescheid und dieser freute sich schon auf das am Abend beginnende Jagdabenteuer. Den Rest des Tages verbrachte Fritz in der Nähe des Elternhauses. Er wollte keinesfalls die erste geplante Hundehatz verpassen. Am frühen Abend war es soweit. Der Tierarzt war von seinen täglichen Krankenbesuchen nach Hause gekommen. Man konnte an seinen aufgeregten Aktivitäten erkennen, dass es dem alten Jäger diesmal besonders Ernst war. Seit einiger Zeit zum erstenmal wieder, hatte er sein verschlissenes Jägerkleid angelegt. Er band den Wolfshund an die Leine und marschierte mit ihm, ohne weitere Worte zu verlieren, in Richtung Wald. Fritz verstand auch ohne besondere Aufforderung und schloss sich den beiden an.

Herr Kraut kannte sich in seinem Jagdrevier gut aus. Er wusste wo die Wildwechsel waren und wo das Rotwild am sichersten anzutreffen war. Vor einem Waldstück, in dem Rotwild zu vermuten war, hielt die kleine Jagdgesellschaft an. Vater und Sohn sprachen die Vorgehensweise ab. Fritz sollte von der Gegenseite in den Wald eindringen und durch starkes Lärmen das Rehwild vor sich her treiben. Vater Kraut wollte mit dem Hund auf eventuelle Beute warten. Wie befohlen umlief Fritz das Waldrevier und versuchte durch Lärmen das Wild aus dem sicheren Schutz des Unterholzes auf das frei Feld zu treiben. Tatsächlich gelang es ihm, einige Stück Rehwild zu erschrecken. Vorsichtig, ohne Panik nach allen Seiten äugend, kam das scheue Wild zum Waldrand, wo Hund und Hundeführer lauerten. Der in der Jagd unerfahrene Kettenhund bekam Witterung vom nahen Wildgetier und begann unverzüglich an zu bellen. Natürlich änderten die Rehe ihre eingeschlagene Fluchtrichtung und sprangen panikartig in entgegengesetzter Richtung an Fritz vorbei in den Wald zurück. Wie sich Vater Kraut auch bemühte, er konnte den kläffenden Hund nicht beruhigen. Vielmehr hatte er allergrößte Mühe, das starke Tier mittels der Leine festzuhalten. Greif zerrte an seiner Fessel, um dem fliehenden Wild nachzurennen. Eine Verfolgung wäre sicher zu diesem Zeitpunkt sinnlos gewesen, zumal die Rehe schon einen zu großen Vorsprung hatten. Auch wäre das Wildern des Hundes in weiter Ferne unkontrollierbar gewesen.

Mittlerweile war Fritz wieder zurück und Vater Kraut übergab das sich immer noch wie wild gebärdende Tier seinem Sohn und man begab sich langsam wieder über die Felder auf den Rückweg. Immer noch fauchte, knurrte und bellte der große Wolfshund, dass es schauerlich über die Felder schallte. Plötzlich sprang aus dem nahen Kleefeld ein ausgewachsener Feldhase auf. Sicherlich hatte ihn das schaurige Gekläffe des an seiner Wildererleidenschaft gehinderten Tieres aufgeschreckt. Ruckartig wechselte Greif seine Bellrichtung und wollte mit aller Macht dem neuen Opfer nach stürmen. Fritz dachte wohl: „Eine kleine Jagdbeute ist besser als keine" und ließ den Hund frei.

Der erschreckte Hase versuchte bergab einer Verfolgung zu entgehen. Aber in dieser Richtung gab es wegen der gepflegten Kulturlandschaft nur Felder und Wiesen und keine Sträucher und Büsche, in die er sich hätte verstecken können. Von oben konnten

Vater und Sohn die Flucht und Verfolgung gut beobachten. Nun ist ein Hase mit längeren Hinterbeinen als mit Vorderbeinen ausgestattet. Dieser anatomische Nachteil wirkt sich besonders bei der Flucht des Tieres bergab aus. Der viel größere Schäferhund mit seinen langen Beinen, holte Meter um Meter den Vorsprung des Hasen auf und man konnte vermuten, dass er im nächsten Moment den Flüchtenden eingeholt haben würde.

Durch die Talsohle verläuft der sogenannte „Hohlweg" vom Ortskern kommend zur über der nächsten Anhöhe gelegenen Nachbargemeinde. Diese Hohlwege sind uralte Wegeführungen, die schon seit altershehr benutzt wurden. Die eisenbereiften Fuhrwerke früherer Zeiten durchfurchten den unbefestigten Wegeunterbau und die nachfolgenden Regen spülten das lose Wegematerial ins Tal. Dadurch entstanden im Zeitraum von mehreren 100 Jahren solche Hohlwege. Die Böschungsabhänge links und rechts des Weges konnten dabei bis zu 20 Meter tief ausgewaschen sein.

Gerade oben am Böschungsrand war der gehetzte Hase angekommen, als sein Verfolger zuschnappen wollte. In seiner Todesangst und weil es auch keinen Ausweg gab, rannte der Hase mit unvermindertem Tempo in vollem Lauf über den Böschungsrand. Greif, in seiner Mordlust immer das Opfer im Auge, hatte wohl den nahenden Abgrund gar nicht wahrgenommen. So raste auch er, sicher aus anderen Beweggründen als der Hase, in den Abgrund.

Zufällig war ich gerade im Hohlweg unterwegs und wurde Zeuge dieses außergewöhnlichen Schauspiels. Und trotzdem fällt es mir schwer, mit Worten den nun folgenden belustigenden Vorfall richtig zu beschreiben.

Schon lange vorher machte das heißere Hundegebell auf die stattfindende Hetzjagd aufmerksam. So konnte man plötzlich den Hasen, wie von einem Flitzebogen abgeschossen über den Böschungsrand fliegen sehen, ebenso rasant in voller Geschwindigkeit der gierige Wolfshund hinterher. Der Schwung den beide durch den schnellen Lauf mitbrachten, reichte noch ein gutes Stück zum freien Flug. Dann wirkte die Erdanziehung und Hase und Hund fielen auf den steil abfallenden Böschungshang. Hier versuchten beide Tiere so gut wie möglich zu landen, um schnell wieder festen Boden unter die Füße zu bekommen. Das gelang aber weder dem Hasen noch dem Schäferhund und beide kullerten kopfüber kopfunter einträchtig nebeneinander den steilen Abhang hinunter. Dabei hatte sogar der blindwütige Wolfshund sein heißeres Bellen vor Schreck eingestellt. Auf der Schluchtsohle des Feldweges wurde die unfreiwillige Flug- und Rollpartie aufgehalten. Als erster rappelte sich der Hase auf und setzte auf dem gegenüberliegenden Böschungshang aufwärts seine Flucht fort. Durch seine Körpergröße war der Hund bei der Flugeinlage stärker durchgeschüttelt worden, trotzdem richtete auch er sich noch etwas benommen auf. Auch zum Erfassen der neuen Situation brauchte er etwas länger. Diese Zeit, vielleicht nur Sekunden, nutzte der Hase zu einem nicht geringen Vorsprung. Bald begriff auch der Hund die neue Situation und stürmte jetzt wieder mordlüstern bellend dem Hasen nach. Allerdings war die Jagd jetzt bald zu Gunsten des verfolgten Hasen entschieden. Bedingt durch die etwas längeren Hinterläufe hatte der Hase bei der bergauf Verfolgung große Vorteile. Mit drei, vier kraftvollen Sprüngen war er die Böschungsgegenseite hinaufgehetzt und von dort in wenigen Sätzen ebenfalls bergauf im gegenüberliegenden Wald ins dornige Unterholz geschlüpft. Das ging alles derart schnell, dass noch ehe Greif den oberen Böschungsrand erreicht hatte, das Langohr verschwunden war. Ohne sichtbares Opfer war der Hund unschlüssig und irrte nach

Spuren suchend am Waldrand hin und her. Die spaßige Rollpartie im Hohlweg hatte somit dem Hasen das Leben gerettet.

Mittlerweile waren auch Vater und Sohn Kraut über den Hohlweg herübergekommen und Fritz fing den immer noch nach einer Hasenspur suchenden Jagdhund ein. Vater Kraut konnte man die Unzufriedenheit über den ungebührlichen Jagdausgang am Gesichtsausdruck ablesen.

In nächster Zeit bemühten sich Vater und Sohn, den Schäferhund zur besseren Jagdtauglichkeit abzurichten. Der Erfolg war mäßig. Das heißere Bellen des Tieres beim Erscheinen eines jagdbaren Wildes war ihm nicht abzugewöhnen. Trotzdem brachte das laute Bellen des Hundes einen kleinen, vorteilhaften Nebeneffekt. Damit wurde zwar nicht der Wildbestand in Feld und Flur verringert, aber die Bauern erkannten die gutgemeinten Bemühungen des Jagdpächters an. Es wurde doch ab jetzt wenigstens etwas zur Vermeidung der Wildschäden getan. Selbst die verängstigten Waldtiere kamen nicht mehr so oft aus dem Schutz der Wälder ins offene Ackerland. Sie zogen sich auf abgelegenere Fressplätze zurück. Nachteilig wirkten sich die neuen Fressmethoden des Wildes auf die Felder der Waldbauern aus. Ihre in den entfernten Seitentälern gelegenen Felder waren dadurch mehr als vorher dem Wildverbiss ausgesetzt.

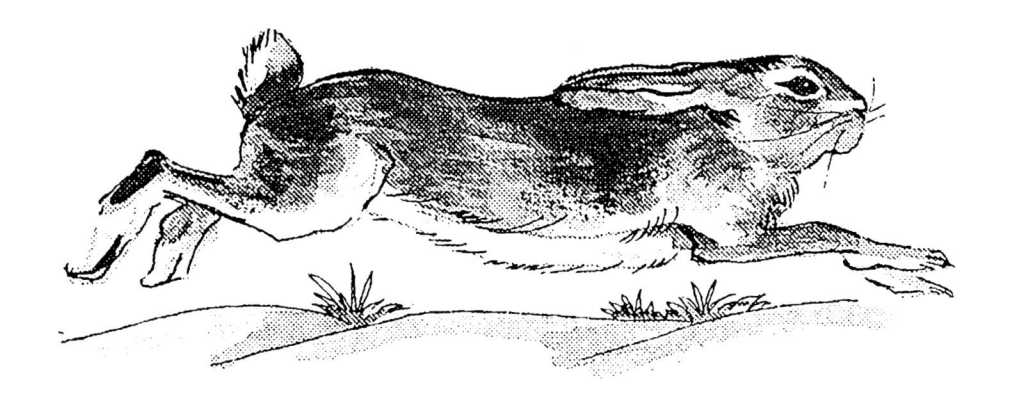

Bauernschläue

Ein Kleinbauer, der von der herrschenden Wildplage besonders hart betroffen wurde, war der Steckelbauer. Sein Gehöft lag in einem Seitental, abseits der nächsten Ansiedlung. Seine Felder waren auf drei Seiten von Wald umgeben. Der im altfränkischen Hufeisenstil errichtete Bauernhof lag inmitten der Felder. Drei Seiten der Hofreite wurden begrenzt durch Scheune, Stall und Wohnhaus. Die freie Seite mit der Zufahrt öffnete sich zur Talseite. Inmitten des Hofes, befand sich, fein säuberlich aufgeschichtet der Misthaufen. Wie überhaupt in früheren Zeiten der Misthaufen der besondere Stolz eines jeden Bauern war, zeigte er doch schon beim ersten Blick den Viehreichtum des jeweiligen Besitzers an.

Früher brachten die am Berghang gelegenen Felder, zusammen mit der Waldwirtschaft ihrem Besitzer ein bescheidenes Auskommen. In den Kriegs- und Nachkriegsjahren konnten die Waldbauern auf den waldnah gelegenen Feldern durch den starken Wildverbiss ihre Ernte nicht mehr zur Reife bringen. Der Steckelbauer hatte schon alles versucht. Er hatte selbst des Nachts Rundgänge durch seine Felder unternommen, aber überall gleichzeitig konnte er nicht sein. Alle Bemühungen waren vergebens. Im letzten Jahr war der Ernteertrag geringer als das im Frühjahr ausgelegte Saatgut. Solche Naturkatastrophen konnten zum Ruin eines Betriebes führen. Staatliche Hilfen, wie sie heute bei solchen unverschuldeten Ereignissen normal sind, waren in den Umbruchzeiten nicht zu erwarten. Aus Mangel an Futtermittel blieb dem Geschädigten als einziger gangbarer Ausweg nur den Nutztierbestand zu verringern.

So war es nur natürlich, dass sich der Steckelbauer beim Jagdpächter Kraut immer wieder aufs energischste beschwerte, denn die Wälder um das abseits gelegene Gehöft gehörten zu dessen Jagdpacht. Aber Jagdpächter Kraut konnte außer einer Hundehatz, die in den dichten umliegenden Wäldern nicht besonders effektiv war, nicht helfen.

Der Waldbauer betrieb neben seiner Feldwirtschaft noch eine ansehnliche Obstplantage. Haupterzeugnisse waren Äpfel, Birnen, und Zwetschgen. Seine Spitzenprodukte waren jedoch die Früchte der Mirabellenbäume. Allerbeste Pflege der Obstanlagen und Sachkenntnisse beim Okulieren hatte die Qualität seiner Erzeugnisse weithin bekannt gemacht.

Dies war natürlich auch Fritz bekannt. Wieder einmal, war es ein Zufall oder war es volle Absicht, kam er bei der Abenddämmerung zur Reifezeit an der Obstanlage vorbei. Die Verlockung war zu groß, er musste auf einen Baum steigen, um an den verbotenen Früchten zu naschen. Der Steckelbauer wusste um die Begehrlichkeit, die seine Obstkulturen erweckten und hatte deshalb immer ein besonderes Auge auf sein Obst. Ihm blieb die diebische Aktion von Fritz nicht verborgen. Er schlich sich an den Baum und sprach Fritz, ob seines unberechtigten Tuns an. Fritz kam reuevoll vom Baum geklettert. Natürlich war er dem Bauern persönlich bekannt, aus diesem Grunde war eine Flucht zwecklos. Fritz versuchte in einem Gespräch den Steckelbauer zu bewegen, Gnade vor Recht ergehen zu lassen und versprach eine Wiedergutmachung, die der Bauer selbst bestimmen könne. Der schlaue Bauer erfasste sofort die gebotene Situation. Ihm war bekannt, welch mutiger und verwegener Bursche vor ihm stand. So sagte er ihm ins Gesicht:

„Du musst mir bei der Vertreibung des Wildes von meinen Feldern helfen!"

Fritz war froh, noch einmal davongekommen zu sein und sagte sofort zu. Was konnte

ihm schon passieren, zumal ja der eigene Vater als Jagdpächter sowieso das Sagen in diesem Revier hatte. Versprach zudem die nächste Aktion wieder eine spannende Sache zu werden und wie bekannt, ging Fritz schon gar keinem Abenteuer aus dem Wege.
Beide gingen zurück zum Bauernhof. Da es mittlerweile dunkel geworden war, holte der Bauer eine Stalllaterne aus der Remise und zündete sie an. Er gab Fritz ein Zeichen, ihm in die Scheune zu folgen. Von der Tenne ging es hoch über die Holzleiter zum Strohlager. Zur Sommerzeit, kurz vor der nächsten Ernte, war die Scheune ziemlich leer. Nur einige Strohballen lagen aufgestapelt an der Seite. Bauer Steckel begann die Strohballen wegzuräumen. Unaufgefordert war ihm Fritz dabei behilflich. Unter dem Stroh kam eine längliche Kiste zum Vorschein. In dem Holzkasten lag ein länglicher, in Ölpapier eingewickelter Gegenstand. Umständlich mit viel Bedacht wickelte der Bauer den Gegenstand aus dem Papier. Hervor kam zur allergrößten Überraschung von Fritz ein herrliches zweiläufiges Jagdgewehr. Mit seinem roten Schnupftuch begann der Alte im Schein der Stalllaterne das Gewehr mit viel Liebe und Sorgfalt von Öl und Schmutz zu reinigen. Aus der Kiste nahm er noch einen Pack Munition. Nun kletterten beide auf der Tennenleiter weiter nach oben unter das Scheunendach. Dort unter dem Giebel hatte der Bauer in früherer Zeit einen Taubenschlag. Durch die Taubenfluglöcher hatte man von hier oben eine wunderbare Fernsicht zu den nahen Feldern bis zum Waldrand. Eine Sitzbank war auch vorhanden, sicher hatte der Bauer schon öfter hier oben gesessen und Ausschau gehalten. Wortlos legte der Steckelbauer die Patronen in den Lauf und entsicherte umständlich die Waffe. Jetzt gab er das schussbereite Jagdgewehr Fritz in die Hand und machte eine Kopfbewegung hin zum Waldrand. Ohne dass der Alte dabei ein Wort sagte, hatte der junge Mann sofort verstanden. Er sollte offenbar versuchen, ein jagdbares Wild zu erlegen. Als der Bauer auch noch die Laterne gelöscht hatte, setzte er sich neben den jungen Mann auf die Bank und schaute durch ein anderes Flugloch erwartungsvoll zum Waldrand. In der Zwischenzeit war der Mond aufgegangen und in dem fahlen Licht, das durch die Fluglöcher fiel, konnte Fritz das Gesicht des alten Steckelbauern beobachten. Seine vom Wetter gegerbten eingefallenen Wangen glühten rötlich und in seinem Blick war ein eigenartiges Funkeln. Der Mund war vor begieriger Erwartung halb geöffnet. Unwillkürlich kam es Fritz in den Sinn. Hier neben ihm saß ein alter Wilderer.

„Warum Steckelbauer schießt ihr nicht selbst?"
 Erlaubte sich der junge Mann zu fragen.
„Mein Augenlicht hat nachgelassen und meine Hand zittert allzu sehr, früher, mein Junge, früher!"
Gab der Alte mit einem verklärten Blick zur Antwort. Jetzt hatte Fritz Gewissheit und er musste daran denken, wie viele gute Stücke Wildbret der Alte seinem Vater wohl weg geschossen haben mochte.

Gewildert wurde in früheren Zeiten auf dem Lande schon immer. Eigentlich war die Jagdausübung ein Privileg der Herrschenden, aber die Not der Kleinbauern und Tagelöhner brachten manchen in Versuchung, illegal zu einem Braten zu kommen. Wurde man dabei erwischt, musste man mit empfindlichen Strafen, bis zu zwei Jahren Gefängnishaft, rechnen. Trotzdem ließen sich die wenigsten von ihrer Leidenschaft abhalten. Meistens waren die Wilddiebe im Ort bekannt. Auch der Jagdpächter kannte seine Pappenheimer, aber es zählte nur der Beweis in Tateinheit. Die Wilderer selbst waren zu schlau und ließen sich nur ganz selten erwischen. Auch war es für den berechtigten Jäger nicht ungefährlich, dem bewaffneten Wilderer Auge in Auge gegenüber zu treten. Beispiele in der Odenwälder Jägerei, in denen der berechtigte Jäger beim Stellen des erwischten Wilderers den Kürzeren gezogen hatte, gibt es einige. Gedacht sei hierbei nur an den Nees-Gedenkstein am Lärmfeuerberg, der an eine solche Auseinandersetzung, die zu Ungunsten des Jagdbeamten endete, erinnert.

Die Jagdberechtigten lösten in aller Regel dieses Problem, in dem sie den schlimmsten Wilddieb zum Jagdaufseher machten. Diese Strategie ging voll auf. Der neue Jagdaufseher kannte sein Klientel und die Wilddieberei im Revier war schlagartig zu Ende.

So saßen Fritz und der Steckelbauer, der eine über die Lauterkeit seines Tuns nachdenkend, der andere in freudiger Erwartung des zu erwartenden Jagderfolges, auf ihrer Bank und dabei verging die Zeit. Endlich bewegte sich etwas am Waldrand. Fritz konnte es genau erkennen, es waren drei Stück Rotwild. Er schob bedächtig den Gewehrlauf durch die Luke und steckte den Finger durch den Abzugsbügel. Der Alte drückte mit der Hand den Gewehrlauf nach unten und schüttelte den Kopf. Er wusste genau, die Rehe würden noch näher kommen, denn direkt am Waldrand waren die Feldfrüchte schon ziemlich abgefressen. Richtig, der Alte hatte recht behalten, nach allen Seiten witternd führte das Leittier die kleine Herde näher an das Gehöft heran, um am jungen Korn zu äsen. Fritz drückte das Jagdgewehr an seine Wange und suchte am Abzugsbügel den Druckpunkt, so wie er es oft bei „Trockenübungen" mit seines Vaters Gewehr gemacht hatte. Nun war es soweit, der Alte nickte zustimmend. Ohne Worte war klar, dass das starke Leittier als Jagdbeute ausersehen war. Über Kimme und Korn suchte Fritz das Ziel und drückte ab. Ein mächtiger Feuerstrahl verließ das Mündungsrohr und Fritz bekam einen gewaltigen Stoß vom Gewehrkolben, bedingt durch die Rückschlagkraft des Schusses gegen Wange und Schulter, dass er rückwärts von der Sitzbank fiel. Das Wild war nicht getroffen und flüchtete erschrocken zum nahen Wald. Der Steckelbauer war aufgesprungen, erfasste das Gewehr und sprach nur ein einziges Wort:

„Versager!"

Sicher hatte er sich schon im Geiste auf ein saftiges Wildbret gefreut, daraus wurde jetzt nichts. Ohne Fritz auch nur eines Blickes zu würdigen, stieg er vom Taubenschlag herunter, verpackte das Gewehr im Ölzeug und legte es in die Kiste zurück. Mit Strohballen wurde das Versteck wieder abgedeckt.

Fritz schlich bedrückt nach Hause. Dieses eine Wort „Versager" ließ ihn nicht zur Ruhe kommen. In den folgenden Tagen besuchte Fritz immer wieder einmal auf seinen Streifzügen das abgelegene Gehöft des Steckelbauern. Aber der Bauer tat, als ob er ihn überhaupt nicht sehen würde, er verrichtete ungerührt seine täglichen Arbeiten. Diese bewusste Nichtwahrnehmung reizte den ehrgeizigen jungen Mann nur noch mehr. Es waren schon gut acht Tage seit dem Fehlschuss vergangen, als Fritz wieder einmal am helllichten Tage zum Steckelhof kam. Der Bauer beschäftigte sich in der Nähe der Obstanlage. Besonders auffällig und umständlich bestieg Fritz einen mit Früchten bestandenen Baum und tat sich provozierend an dem Obst gütlich. Der Bauer hatte natürlich alles beobachtet, ließ nun von seiner Feldarbeit ab und kam zum Obstbaum und sprach den jungen Mann an:

„Du kannst es wohl nicht lassen, also gut komm mit, wir wollen es noch einmal versuchen."

Erleichtert stieg dieser vom Baum und folgte dem Alten zum Hof. Diesmal ging es nicht zur Scheune, sondern in den Rübenkeller. Der Steckelbauer, der schlaue Fuchs, hatte den Gewehrkasten aus dem Strohlager geholt und jetzt unter den Rüben versteckt. Er hatte wohl nicht der Verlässlichkeit des jungen Burschen getraut und als Vorsichtsmaßnahme das Gewehrversteck gewechselt. Schnell waren die Rüben zur Seite geräumt und das Gewehr ausgepackt. Der Rübenkeller war einige hundert Jahre alt und im damals üblichen Gewölbestil mit vorbehauenen Sandsteinen errichtet. Der Länge nach gemessen war er gut vierzig Schritte lang. Am hinteren Ende des Gewölbes an der Wand befand sich ein Holzregal, auf dem zur Winterzeit die Äpfel und Birnen eingelagert wurden. Jetzt, so kurz vor der neuen Ernte, war die Ablage leer. Der Alte stellte in gleichmäßigen Abständen Rüben auf die mittleren Regalborde. Hinter den Rüben wurden noch Sandsäcke platziert. Fritz hatte sofort begriffen, die Rüben sollten als Zielscheiben beim Übungsschießen dienen, während die Sandsäcke als Kugelfang vor irrlaufenden Querschlägern benutzt werden sollten. Unter der Anleitung des alten Wilderers musste der Schießschüler die Rüben vom Regal herunterschießen, zuvor hatte der Alte jedoch noch alle Fenster und die Tür verschlossen, es sollten so wenig wie möglich Schussgeräusche nach außen dringen. Das Übungsschießen im düsteren Kellergewölbe, durch dessen verschmutzte Scheiben nur spärliches Licht herein fiel, war nicht einfach. Aber das war vom schlauen Steckelbauern nur gewollt. Zum Schießen des Wildes in der Nachtdämmerung waren die Lichtverhältnisse auch nicht günstiger. Das Übungsschießen wiederholte sich in den nächsten Tagen. Mit dem Fortschritt, der bei den Schießübungen von Fritz erreicht wurde, war der Bauer sehr zufrieden und er glaubte, bald wieder einen Versuch am lebenden Objekt wagen zu können. Die folgende Vollmondnacht wurde für das Unternehmen gewählt. Pünktlich zum vereinbarten Termin war Fritz erschienen. Nachdem man noch ein herzhaftes Abendbrot eingenommen hatte, stieg man mit Jagdausrüstung gemeinsam hoch zum Taubenschlag unter dem Scheunendach. Heute Nacht wurde die Geduld der beiden stark strapaziert. Erst gegen Morgen um 4 Uhr, als es schon zu dämmern begann, zeigte sich das erste jagdbare Wild. Vielleicht waren es sogar die selben drei Rehe, denen man schon beim ersten Versuch aufgelauert hatte. Wie schon damals wagte sich das Wild nur unendlich langsam aus der Walddeckung und kam nur zögerlich auf das offene Feld. Deutlich konnte Fritz erkennen, es war ein Rehbock mit stattlichem Gehörn und eine Rehgeiß mit einem fast erwachsenen Jungtier. Es war ein herrlicher Anblick, die stolzen Tiere in freier Wildbahn zu beobachten. Doch da verspürte Fritz einen unsanften Stoß in der Rippengegend und ein Murren des Alten machte ihm unmissverständlich deutlich, dass man hier nicht zur Naturbewunderung war. Fritz richtete das Gewehr auf den Rehbock, diesmal jedoch viel sicherer als beim ersten Mal. Trotzdem spürte er das Blut wild in seinen Adern schlagen. Als Kimme und Korn des Jagdgewehres mit der Brust des angepeilten Rehbockes übereinstimmten, zog Fritz gleichmäßig den Abzugshahn durch. Etwas geblendet vom Mündungsfeuer schloss der Schütze kurz die Augen. Erst jetzt löste sich die körperliche Anspannung. Er wusste, diesmal war das anvisierte Ziel getroffen. Dabei kam es ihm in den Sinn, dass das eben Geschehene eigentlich nicht legal war. Aber schnell verscheuchte er solche trüben Gedanken, er tröstete sich damit, dass ja eigentlich sein Vater als Jagdpächter zu solchem Tun berechtigt wäre. Aus den zweifelnden Gedanken riss ihn ein Schlag auf die Schulter und ein anerkennendes Gemurmel des Steckelbauern. Fritz erhob sich von der Sitzbank und wollte nach unten gehen, um sich das Schießergebnis anzuschauen. Der Alte drückte ihn auf die Bank zurück und bedeutete ihm, noch eine Weile hier zubleibe. Man könne ja nie wissen, was und bei wem ein Gewehrschuss in der Nacht ein gewisses

Interesse auslösen könnte. Auch könnte man am Schießergebnis im nachhinein nichts mehr ändern. Es dürfte wohl eine halbe Stunde vergangen sein, dem jungen Mann kam sie unendlich lange vor, als sich der Alte mit den Worten erhob:
„Verstaue das Gewehr und komme mit, wir wollen schauen was du erledigt hast!"
Der getroffene Rehbock hatte sich noch bis zum nahen Wald geschleppt und war dort verendet. Fritz wusste beim Anblick des toten Tieres nicht ob er stolz oder Mitleid mit der getöteten Kreatur haben sollte. Der schlaue Bauer hatte wohl die Selbstzweifel seines jungen Jagdfreundes erwartet. Er brach von einer Fichte einen kleinen Zweig ab, tauchte ihn in das Blut des getöteten Tieres und steckte den benetzten Zweig an den Kragenumschlag des jungen Mannes. Nun ergriff er dessen Hand und sprach ein feierliches
„Weidmannsheil!"
Fritz überkam dabei ein ungewohntes Glücksgefühl und unwillkürlich antwortete er:
„Weidmannsdank!"
In diesem Moment hatte der bauernschlaue Steckel in dem jungen Mann eine Jagdleidenschaft erweckt, die ihn auf seinem tragisch verlaufenden Lebensweg nicht mehr loslassen sollte.
Der Bauer schulterte das geschossene Wildbret und beide gingen zum Hof zurück. Vor dem Misthaufen warf er es ab, um es aufzubrechen. Diese Art der Jagdarbeit mit der Gedärmeausnehmung war für Fritz weniger dramatisch, da er bei ähnlichen Anlässen in der Tierheilbehandlung mit seinem Vater derartiges gewohnt war. Nach Beendigung der Schlachtarbeiten nahm der Steckelbauer seinen jungen Jagdgenossen um die Schulter und führte ihn zu einer viereckigen Holzsäule, die das Vordach der Scheune zu tragen hatte. Schon mehrmals hatte sich Fritz über die zahlreichen Kerbungen, die in das Holz geschnitten waren, gewundert. Unterhalb der letzten Kerbe schnitt der Alte mit seinem Taschenmesser eine weitere Ritzung ein. Erst jetzt begriff Fritz was es mit dieser Art Markierung für eine Bewandtnis hatte. Jede Kerbe war ein Siegeszeichen des Alten über ein illegal erlegtes Stück Wild.
Müde kehrte Fritz nach Hause zurück, um noch die letzten Stunden bis zum Morgen zu schlafen.
In den nächsten Tagen kam Fritz immer wieder das nächtliche Jagderlebnis in Erinnerung. Zu sehr bewegte ihn das unlegale Tun. Er konnte sich einfach nicht auf seine Schulpflichten konzentrieren. Geplagt von Gewissensbissen verbrachte er eine unruhige Zeit. Der Gedanke, dass das Jagen im Revier seines Vaters geschehen war, konnte nur bedingt als Entschuldigung gelten. Letztlich tröstete es ihn ungemein, dass er dem Steckelbauern gezeigt hatte, zu was er fähig war. Das böse Schimpfwort „Versager" war gründlich und für alle Zeit getilgt. So oder ähnlich versuchte Fritz sein Gewissen zu beruhigen und damit siegte letztendlich die Abenteuerlust.
Tage später konnte er es sich nicht verkneifen, voller Übermut auf dem Steckelhof vorbeizuschauen. Vielleicht erwartete er ein Lob oder wollte er nur wissen, wie es weiter gehen würde. Dass er auch zukünftig Jagdaufgaben übernehmen wollte, stand für ihn fest. Der Steckelbauer schien schon auf seinen jungen Jagdgehilfen gewartet zu haben. Mit verschmitztem Lächeln erklärte er Fritz, dass das erlegte Wild die nötige Lagerzeit im Rauchfang gehangen habe und dass für morgen ein schmackhaftes Wildessen geplant sei, zu dem er herzlich eingeladen sei. Fritz konnte den Wildgeschmack nicht sonderlich leiden und lehnte die freundliche Einladung dankend ab. Zudem stand bei der Familie Kraut zu Zeiten als der alte Herr noch zur Jagd gehen durfte, reichlich Wildbraten auf

dem Speisezettel. Noch aus diesen Zeiten war sein Appetit auf Wild gestillt. Der Bauer nahm die Absage nicht übel, zumal für ihn um so mehr übrig blieb. Ohne, dass es Fritz bewusst wahrgenommen hätte, hatte ihn der Bauer während der Unterhaltung in den Stall geführt. Beide gingen schweigend an den Kühen vorbei zum Futtergang. Der Futtergang ist eine schmale Durchreiche am Kopfteil des Rindviehes, von dem aus die Tiere mit Futter versorgt werden können. Um hierher zu gelangen musste man an den Großtieren vorbei, der Futtergang war damit nicht leicht für jedermann zugänglich. Dort im hinteren Teil des Raumes, wo es am dunkelsten war, deutete der Alte auf die Wand. Fritz schaute angestrengt in die angedeutete Richtung. Erst als sich seine Augen an die Dunkelheit gewöhnt hatten, erblickte er, was der Bauer dort so Wichtiges zu zeigen hatte. Es war das Gehörn des erlegten Rehbockes. Fachgerecht hatte der alte Wilddieb das Gehörn mit einem Teil der Schädeldecke vom übrigen Körper getrennt. Von seinem Vater wusste Fritz, dass man das Trophäenstück mit Haut und Fleischresten nur ein paar Tage in einen Ameisenhaufen zu vergraben brauchte, dann hatten die fleißigen Waldameisen das Gehörn von Fleisch und Hautresten fein säuberlich abgeknabbert. Sicher hatte der Steckelbauer ähnlich gehandelt, denn die Jagdtrophäe sah so weiß und sauber aus wie die, die zu Dutzenden im elterlichen Jagdzimmer an der Wand hingen. Fritz musste insgeheim über die Eitelkeit des alten Wilddiebes lächeln. Was musste es dem Alten heute weh tun, dass er selbst nicht mehr das illegale Weidwerk ausüben konnte.

In der nächsten Zeit, so im Rhythmus von 14 Tagen, trafen sich die beiden so ungleichen Freunde zu gemeinsamen Jagdabenteuern auf dem Steckelhof mit mehr oder weniger Jagdglück. Dabei konnte es, das liegt in der Natur der Sache, schon spät werden, bis Fritz nach Hause kam. Obwohl er die Haustür äußerst vorsichtig aufschloss, wurde trotzdem die Mutter wach. Schon öfters war Fritz spät nach Hause gekommen, nie hatte die Mutter dagegen etwas einzuwenden. Immerhin war der Sohn fast erwachsen, aber dass es in letzter Zeit in regelmäßigen Abständen immer wieder so spät wurde, beunruhigte die besorgte Mutter sehr. Sie machte sich weniger Gedanken über den nächtlichen Aufenthalt ihres Sohnes, als vielmehr um dessen Gesundheit. Täglich 2 bis 3 Stunden Schlaf konnten für einen im Wachstum stehenden jungen Mann nicht ausreichend sein. Am nächsten Morgen nach dem Frühstück, als der alte Herr Kraut schon auf seinen routinemäßigen Tierkrankenbesuchen war, sprach sie ihren Sohn ob der nächtlichen Ausflüge an. Geduldig hörte sich Fritz die wohlgemeinte Standpauke an und gelobte Besserung. Auch die längste Standpauke geht einmal vorüber und Fritz musste zum Unterricht in die Schule. Tagsüber überlegte Fritz wie er verhindern könnte, dass die Mutter ihn bei der nächtlichen Heimkehr erwischte. Dass es bei den nächsten Jagdausflügen ebenso spät werden würde, war mit Sicherheit anzunehmen.

Fritz fand wie immer auch hier die Lösung. Sein kombiniertes Wohn- Schlafzimmer lag im Erdgeschoss, während die Eltern im Obergeschoss schliefen. Es war dem jungen Mann ohne Schwierigkeiten möglich vom Vorgarten durchs Fenster ins Zimmer zu steigen und ebenso umgekehrt. Am Abend, als er wieder mit Steckel verabredet war, legte er sich zeitig ins Bett zum Schlafen. Demonstrativ laut und deutlich verabschiedete er sich mit einem „Gute Nacht Gruß" von den Eltern. Natürlich ging Fritz nur kurze Zeit zu Bett, um dann mit seinen strapazierfähigen Altkleidern durch das Fenster zu verschwinden. Aus Draht hatte er sich eine Öse gebogen mit deren Hilfe er das Fenster von außen schließen und öffnen konnte. Jetzt war es ihm möglich, das Elternhaus unbemerkt zu verlassen. Damit stand weiteren Jagdabenteuern nichts mehr im Wege.

Freund Robi

Die Jagdaktionen beim Steckelbauern liefen in unregelmäßigen Abständen weiter. Man war mutiger geworden und betrieb die unerlaubte Jagd auch außerhalb des schützenden Hofes. Längst konnte der Bauer die reichlich anfallende Jagdbeute nicht mehr selbst verspeisen. Daher war zu überdenken, wie das Wildbret am besten verwertet werden könnte. Auch die Munition ging langsam zur Neige und zur Beschaffung neuen Schussmateriales musste etwas geschehen. Leider war das Wildbretverkaufen nicht so einfach. Es gab sicher viele deutsche Abnehmer dafür, aber für die noch gültige Reichsmark, die kurz vor der Entwertung stand, konnte man keine vergleichbaren Werte erwerben. Also musste die heiße Ware in Dollarwährung oder in andere gängige Tauschwaren, wie Zigaretten, Konserven oder ähnlichem eingehandelt werden. Nur amerikanische Armeeangehörige waren im Besitz solcher Zahlungsmittel. Viele Männer der Gemeinde, die aus Gefangenschaft heimgekehrt waren, oder sonst wie nach hier verschlagen worden waren, suchten einen lukrativen Arbeitsplatz. Das Wirtschaftswachstum im Nachkriegsdeutschland lag noch in den Anfängen. Gute Verdienstmöglichkeiten boten Arbeiten bei der US-Besatzungsmacht. Einer, der Arbeit bei der US-Behörde in den Rheintalstädten gefunden hatte, war ein junger Bursche aus einem Nachbarort mit Namen Robi. Er war als ständiger Herrschaftsfahrer bei einem amerikanischen Offizier angestellt. Als Fahrzeug diente ihm ein allradgetriebener US-Jeep. Durch besondere Zuverlässigkeit hatte er sich bei seinen Vorgesetzten ein Vertrauensverhältnis aufgebaut. Da er als Herrschaftsfahrer sehr unterschiedliche Arbeitszeiten hatte, wurde es Robi gestattet, mit dem Jeep nach Hause zu fahren. Damit konnte er das Fahrzeug auch privat nach Dienstschluss benutzen. Oft konnte man ihn bei einer Spazierfahrt durch den Ort sehen. Das Autofahren zur damaligen Zeit war ein Privileg, das nicht jedem offen stand. Diese mobile Sonderheit war auch Fritz aufgefallen. Er suchte unverbindlich die Freundschaft von Robi. Da dieser ein äußerst geselliger Mensch war, fiel die Kontaktsuche nicht schwer. Von anderen Gelegenheiten war bekannt, dass die US-Amerikaner einen schmackhaften Wildbraten ihrer normalen Kantinenkost vorzogen. Fritz fragte bei Robi an, ob dieser nicht bei seinen amerikanischen Freunden einen Wildbretverkauf organisieren könne. Den Verdienst wollte man teilen. Robi wurde als Herrschaftsfahrer nicht übermäßig gut bezahlt, außerdem hatte er als Heimatvertriebener einigen Nachholbedarf an Gebrauchsgütern, da konnte er einen Zusatzverdienst gut gebrauchen. Robi nahm umgehend bei seinen amerikanischen Vorgesetzten Kontakte auf und es gelang ihm, einen schwungvollen Wildbrethandel aufzubauen. Zustatten kam ihm besonders der US-Jeep, den er als Transportmittel benutzen konnte. Nun war es nicht möglich, den Besatzungssoldaten Wildtiere zu verkaufen, die durch einer Gewehrschuss getötet worden waren. Das hätte sicherlich ihren Argwohn erweckt. Fritz löste dieses Problem, in dem er filetierte Stücke lieferte, bei denen die Schussspuren ausgeschnitten waren. In nächster Zeit florierte das Geschäft. Fritz und der Steckelbauer besorgten die Ware und Robi holte ab und verkaufte. Jedoch schon bald war das Jagdgebiet um das Steckelgehöft absolut leergeschossen. Der Bauer hatte erreicht was er wollte, auch war er des nächtlichen Jagens müde. Als auch noch der Munitionsvorrat zur Neige ging, eröffnete er Fritz und Robi, dass er vorerst nicht mehr weiter jagen wolle. Die restliche Munition sollte als Reserve zurück gehalten werden. Auch Fritz und Robi konnten nach den strapaziösen Wochen eine Pause gut gebrauchen. So ging in den nächsten Wochen jeder seine eigenen Wege.

Dunkelmann Sieber

In einer relativ kleinen Ortschaft bleibt eine solche Aktion, wie sie in den letzten Wochen am Steckelshof abgelaufen war, nicht unbemerkt, zumal der Gebrauch von Schusswaffen mit erheblichem Lärm verbunden ist. Ein Großteil der Bevölkerung wusste durch Ortsgespräche über die Vorgänge bei der abgelegenen Hofreite Bescheid, ebenso wer die beteiligten Personen waren. Es wäre jedoch niemanden eingefallen, die Beteiligten bei der Behörde anzuzeigen. Erstens war Fritz allgemein beliebt und zweitens war die Reduzierung des überhohen Wildbestandes für die Allgemeinheit von großem Nutzen. In den Wirren des ausgegangenen 2. Weltkrieges war ein Geschäftsmann mit Namen Sieber in den Ort gekommen. Was er jedoch für Geschäfte betrieb war unbekannt. Er handelte mit dem und jenem, vermutlich auf dem Schwarzmarkt und es musste ihm dabei sehr gut gehen. Er war immer bestens gekleidet und konnte sich zur Ausübung seiner Geschäfte einen Personenwagen, ein Vorkriegsmodell, leisten. Für Nahrungsmittel wie Butter, Schinken, Kartoffeln usw. konnte man von ihm alles bekommen, selbst das äußerst knappe und schwer zu beschaffende Benzin. Besonders gute Beziehungen hatte Sieber zur Besatzungsmacht. In den US-Kasernen ging er ein und aus. Im Ort selbst genoss er keinen guten Ruf und man tat gut daran, ihm aus dem Wege zu gehen. Natürlich waren auch ihm die Vorgänge beim Steckelhof zu Gehör gekommen. Er suchte den Kontakt zu Fritz und bot dem jungen Mann mit wohlgesetzten Worten eine zukünftige Zusammenarbeit an. Fritz, der von den undurchsichtigen Machenschaften des feinen Herrn Sieber wusste, wollte mit ihm nichts zu tun haben und lehnte das Angebot entschieden ab. So leicht gab sich Sieber aber nicht geschlagen. Jetzt zeigte er sein wahres Gesicht und machte Fritz klar, dass ein Wort von ihm bei der US-Behörde genüge, um ihn wegen unerlaubten Waffenbesitzes und Wilddieberei für Jahre ins Gefängnis zu bringen. Diese Drohung blieb bei Fritz nicht ohne Wirkung. Plötzlich war ihm klar geworden, dass er in die Abhängigkeit von Sieber geraten war. Fritz konnte sich mit der Ausrede, er habe kein Jagdgewehr und auch die Munition sei verbraucht, für den Moment aus der bedrohlichen Lage befreien. Mit diesem Argument hatte Sieber nicht gerechnet, musste die Tatsache aber anerkennen. Fritz war froh, den unangenehmen Menschen abgeschüttelt zu haben.
Aber für Sieber war die Sache noch nicht zu Ende. Zu verlockend waren die Aussichten mit Wildbret auf dem Schwarzmarkt Geschäfte zu machen. Fieberhaft suchte er in den nächsten Tagen nach einer Lösung. Ein Zufall kam ihm dabei zu Hilfe. Als er wieder einmal bei seinen Freunden in der US-Kaserne weilte, fragte ihn ein jagdbegeisterter US-Offizier, ob er nicht für ihn eine Jagd auf Rotwild im Odenwald organisieren könne. Sieber sagte sofort zu und begab sich noch am gleichen Abend zu Fritz und Robi. Ihnen erklärte er, dass seine amerikanischen Freunde zu einem Jagdausflug kommen wollten und da Fritz und Robi mit den Waldverhältnissen bestens vertraut seien, sollten sie als Helfer die Jagdgesellschaft führen. Fritz und Robi waren mit dem Plan erst nicht einverstanden, aber auf Drängen von Sieber erklärten sie sich bereit einmalig an dem Unternehmen mitzuarbeiten.
Am nächsten Sonntagmorgen in aller Frühe hielt ein amerikanischer Jeep vor dem Elternhaus von Fritz. Zwei US-Offiziere saßen im Fond des Wagens und Sieber und Robi saßen auf den hinteren Sitzbänken. Das Planverdeck des Jeeps war heruntergenommen, so dass Fritz am Wagenende aufspringen konnte. Nach Anweisungen von Fritz

fuhren die Offiziere in das zur Jagd ausgesuchte Waldstück. Auf dem Boden im Hinterteil des Wagens lagen zwei Jagdgewehre und zwei prallgefüllte Patronentaschen. Mit großen Augen betrachtete Sieber immer wieder die Gewehre und sah Fritz dabei bedeutungsvoll an.

Als das zur Jagd bestimmte Waldstück, weit ab einer Siedlung, erreicht war, nahmen die US-Offiziere die Gewehre und die Munition an sich. Vor dem Wald auf einer Lichtung nahmen die Jäger verdeckte Stellungen ein, während die Jagdhelfer das Waldstück umgingen. Für Fritz war diese Art der Treibjagd noch aus der Zusammenarbeit mit seinem Vater bekannt. Aus verschiedenen Richtungen trieben Fritz, Robi und Sieber durch Lärmen das versteckte Rotwild auf die Lichtung zu, wo die schussbereiten Jäger warteten. Da man ein mit dichtem Unterholz bestandenes Jagdrevier gewählt hatte, waren einige Stücke Rotwild vor die Läufe der US-Amerikaner gesprungen. Jeder der beiden Schützen konnte zu einer gemachten Jagdbeute beglückwünscht werden und sie selbst waren mit dem Jagdergebnis bestens zufrieden. Da es noch ziemlich zeitig am Tage war, bereiteten die US-Offiziere ein kleines Picknick mit Brot und Cornedbeef vor, das man sich gemeinsam schmecken ließ. Zum Abschluss des Essens holten die Jäger noch einige Flaschen Whisky hervor und man begoss gebührend den geglückten Jagderfolg. Besonders auffallend war, dass Sieber durch Zuprosten immer wieder die Amerikaner zum Trinken ermunterte. So waren sie gezwungen, mehr zu trinken als es ursprünglich ihre Absicht war. Das Gelage endete erst, als auch die letzte Flasche Alkohol geleert war.

Danach begab man sich leicht erheitert zum Auto. Sieber und Robi verstauten das erlegte Wild unter der hinteren Sitzbank. Mit elegantem Schwung warfen die Amerikaner die Gewehre auf den Boden des Wagenhinterteiles, während sie sich auf die Sitze im Fond des Wagens setzten. Fritz, Sieber und Robi nahmen wie auf der Herfahrt die Plätze auf den hinteren Bänken ein, zu ihren Füßen lagen die Gewehre. Alsbald wurde die Rückfahrt durch den Wald angetreten.

Die beiden Amerikaner unterhielten sich angeregt in ihrer Muttersprache. An dem oftmaligen übertriebenen Lachen während ihrer Unterhaltung konnte man erkennen, dass der Alkohol seine Wirkung getan hatte. Die Unebenheit des Waldweges taten ein Übriges, die Jeepinsassen wurden kräftig durchgeschüttelt. Als man durch ein mit Dornenbüschen und Niederholz bewachsenes Waldstück kam, nahm Sieber reaktionsschnell ein Gewehr und schleuderte es in hohem Bogen in das nahe Gebüsch. Da die Amis nichts gemerkt hatten, ließ er kurz darauf die Munitionstaschen folgen.

Fritz und Robi waren über soviel Dreistigkeit bass erstaunt. War das alles Zufall oder hatte Sieber die ganze Aktion mit Treibjagd, Picknick, Alkohol und Gewehrdiebstahl wirklich so präzise bis zur perfekten Ausführung geplant? Diese Fragen mussten unbeantwortet bleiben.

Im Ort angekommen, sprangen die Jagdhelfer mit einem kurzen „high" vom Fahrzeug und hatten es besonders eilig, in der nächsten Seitenstraße zu verschwinden. Die beiden Offiziere erwiderten das „high" und fuhren weiter zum Dorf hinaus. Als ihr Fahrzeug außer Sichtweite war, lachte Sieber hell auf und rieb sich die Hände. Alleine ging er zu Fuß zum Wald zurück, um die Jagdwaffe samt Munition sicherzustellen.

Sicher forschten die amerikanischen Jäger in den nächsten Tagen nach dem Verbleib ihres Jagdgewehres, aber offenbar hatte es der verschlagene Sieber verstanden, sie zu täuschen. Damit war er im Besitz einer Jagdwaffe mit ausreichend Munition.

Die wilde Jagd beginnt von Neuem

Dass Sieber nun im Besitz einer Jagdwaffe war, wusste Fritz nur zu gut. Deshalb war er nicht überrascht, als dieser ein paar Tage später auftauchte, um ihn zu weiteren Jagdabenteuern zu überreden. Halbherzige Einwände von Fritz gegen das gefährliche Vorhaben, wurden von Sieber nicht anerkannt. Als schließlich auch Robi sich bereit erklärte, weiterhin mit von der Partie sein zu wollen, gab Fritz seine Vorbehalte auf und erklärte sein Einverständnis.
Wie das Jagen bisher um den Steckelhof abgelaufen war, konnte man nicht weiter machen. Zumal der Bauer dagegen und auch der Wildbestand in diesem Revier stark reduziert war. Es mussten neue Jagdgebiete ausgesucht werden. Bei der Auswahl der Reviere legte Fritz den größten Wert darauf, dass man nur solche Gebiete auswählte, die im Jagdpachtgebiet seines Vaters lagen.
Als Robi wieder einmal nach Feierabend mit seinem US-Jeep nach Hause fahren durfte, nutzte man die günstige Gelegenheit zu einer Fahrt in den abendlichen Wald. Als man an der Stelle angekommen war, an der vor Tagen Sieber das Gewehr seinen amerikanischen Jagdfreunden entwendet hatte, musste Robi rechts ran fahren und anhalten. Unter Führung von Sieber ging es zu Fuß in den Wald hinein. In einer Jungkiefernschonung hatte Sieber das Gewehr versteckt. Hier standen die Bäume so dicht beisammen, dass ein Blick in das Innere des Kiefernschlages nicht möglich war. Dort hatte vor Jahren der Sturm einen alten Baum samt Wurzelwerk umgedrückt. Der Wurzelteller des gestürzten Baumes ragte senkrecht nach oben und hatte eine tiefe Mulde im Erdreich hinterlassen. Unter Wurzeln, Moos und Baumreisern hatte Sieber sein Gewehrversteck. Gegen Feuchtigkeit waren Gewehr und Munition durch Einwickeln in einen erdfarbenen US-Militärmantel geschützt. Dieses ideale Versteck wurde auch für die nächste Zukunft als Gewehraufbewahrungsort festgelegt. Heute holte man das Gewehr hervor, um sich mit dem neuen Arbeitsgerät vertraut zu machen. Fritz war bestens mit der Handhabung des Gerätes zufrieden. Es lag gut in der Hand, wie er es ausdrückte. Jeder der drei Abenteurer sollte noch heute abend einen Probeschuss machen. Fritz wählte als Zielscheibe die knorrige Astgabel einer alten Eiche aus. Nachdem der Schuss abgefeuert war, zeigte das Splittern des Holzes an der anvisierten Astgabel, dass er getroffen hatte. Auch der Probeschuss von Robi war ein Treffer. Sieber, die Ängstlichkeit in Person, verzichtete auf seinen Probeschuss, sicher lagen seine Fähigkeiten auf einem anderen Gebiet. Nach dem Verstecken der Feuerwaffe war für heute alles getan und man fuhr nach Hause. Robi sollte sich melden, wenn es ihm wieder möglich war, mit dem Jeep private Unternehmungen zu machen.
Das war recht bald der Fall. Robi kam eines Abends angefahren und holte seine Jagdfreunde von zu Hause ab. Als zukünftiges Jagdgebiet hatte man sich für das Eiterbach-Tal entschieden. Dieses weitab von der nächsten menschlichen Siedlung gelegene romantische Tal war für seinen Wildreichtum bekannt. Durch die Talsohle zwischen den saftigen Wiesen floss ein klarer Bergbach. So kamen alle möglichen Wildarten des Nachts hierher um zu äsen und zu trinken. Beide Seiten des Tales wurden vom Wald begrenzt. Ein relativ gut ausgebauter Weg zog parallel zum Tal am Waldrand entlang. Von hier hatte man eine gute Sicht über die gesamte Talaue. Hier oben ließ Fritz anhalten. Motor und Licht wurden abgeschaltet. Nun wartete man geduldig auf Jagdbeute. Es dauerte nicht lange, bis ein Rudel Rotwild sich von der gegenüber liegenden

Die wilde Jagd beginnt von Neuem

Waldseite dem Bache näherte. Fritz schob eine Patrone in das Schloss und entsicherte das Gewehr. Aber wie er sich auch bemühte, er konnte kein genaues Ziel in der Nachtdämmerung ausmachen. Ein sicherer Schuss war in dem diffusen Licht nicht möglich. Nur zu gut wusste Fritz, dass er sich einen Fehlschuss nicht erlauben konnte, dadurch würde das Wild erschreckt fliehen und man müsste ohne Jagdbeute nach Hause zurückkehren. Sieber hatte die rettende Idee. Durch Zeichensprache machte er verständlich, dass er das Scheinwerferlicht des Jeeps einschalten wollte. Fritz brachte die Waffen in Anschlag und Sieber schaltete die Autobeleuchtung an. Die vom Lichtkegel der Scheinwerfer geblendeten Tiere verharrten für einen kurzen Moment im ersten Schreck. Diese Schrecksekunde genügte Fritz, er zielte genau und schoss. Durch den Knall des Schusses flüchtete die kleine Herde in panischer Angst zum gegenüber liegenden schützenden Wald. Eines der stattlichen Tiere konnte nicht mehr fliehen, es war durch einen „Blattschuss" (Schuss ins Herz) getroffen und weidwund zusammen gebrochen. Das Aufbrechen und Ausnehmen der erlegten Jagdbeute war für Fritz mittlerweile zur Routine geworden und war mit kurzen, gezielten Handgriffen erledigt.

Hier im Eiterbach-Tal mussten die Spuren der nächtlichen illegalen Jagd sorgfältig verwischt werden, denn anders als auf dem Steckelhof konnte hier schon einmal ein Förster oder ein Jagdbeamter vorbeikommen. Mit Tannenreisern wurden alle Spuren verwischt, selbst die Jeep-Reifenabdrücke am Waldboden wurden rückwärts bis zur nächsten Fahrstraße beseitigt. Das Gewehr wurde im ausgesuchten Versteck verstaut und man fuhr zufrieden mit der gemachten Jagdbeute nach Hause zurück. Sieber war für die Weitervermarktung der Beute zuständig. Der ausgehandelte Erlös der Jagdbeute wurde von Sieber, soweit man ihm trauen konnte, in drei gleiche Teile aufgeteilt und jeder bekam den ausgemachten Anteil.

Der Erlös den man zur damaligen Zeit für ein ordentliches Stück Wildbret erzielen konnte, lag um ein vielfaches höher als in der heutigen Zeit. War es schon besonders schwer einen normalen Braten zu bekommen, war es um einiges schwieriger Delikatessen wie Wildfleisch zu beschaffen. Möglich war dies eigentlich nur auf dem Schwarzmarkt gegen entsprechende Tauschware oder direkt beim Amerikaner gegen Dollarwährung.

In den nächsten Wochen fuhren die drei illegalen Jäger, so oft Robi den Jeep mit nach Hause nehmen konnte, des Nachts in den Wald zum Jagen. Jetzt, nachdem man den Trick mit dem Licht beherrschte, war die Sache relativ wetterunabhängig und man konnte sogar zu stockfinsterer Nacht seinem ungewöhnlichen Hobby nachgehen. Das Jagdrevier wurde dabei nicht nur auf das Eiterbacher-Tal begrenzt, denn dort hatten die Tiere schnell die tödliche Gefahr erkannt, die hier auf sie lauerte und mieden das Tal. Alle abgelegenen Täler der Region wurden nun abwechselnd aufgesucht. In wenigen Wochen konnte man auf diese Art reichlich Beute machen, was die Bauern dankbar quittierten.

Der auffallend zurück gehende Wildbestand und das ständige Fahren des US-Jeeps im Wald war natürlich dem zuständigen Revierförster Gippelkern aufgefallen. Zwar hatte der Beamte die drei nie bei ihren Unternehmungen auf frischer Tat erwischen können, aber die Schüsse im nächtlichen Wald konnte auch er nicht überhört haben. Zwar war das Schießen auf das Wild im Wald zur damaligen Zeit nicht außergewöhnlich, denn wie oben beschrieben, kamen immer wieder US-Besatzungsangehörige unangemeldet zum Jagen in den Überwald.

Förster Gippelkern versuchte schon seit einiger Zeit den amerikanischen Jeep mit der deutschen Besatzung einmal im Wald zu stellen. Sein Bemühen wurde belohnt. Es war Abend, als er auf dem Heimweg von seiner Forstarbeit quer durch den Wald lief. Von Ferne hörte er Motorgeräusche, die immer näher kamen. Er beeilte sich, um auf den nahen Waldweg zu kommen. Hinter einer Kurve stellte er sich mitten auf den Weg und erwartete so das anfahrende Auto. Robi musste den Jeep stoppen, wenn er den Forstbeamten nicht umfahren wollte. Der Förster kam zum Auto gelaufen. Angst brauchten die drei Autoinsassen in dieser Situation nicht zu haben. Zum einen war der Förster nicht bewaffnet und auch sie waren erst auf dem Weg zu neuen Jagdabenteuern und hatten somit keine heiße Ware an Bord. Mit erhobenem Zeigefinger begann der Förster eine Strafpredigt:

„Jungs, was ihr hier treibt ist gegen geltendes Gesetz, lasst euch warnen, die Amerikaner bestrafen unrechtmäßigen Waffenbesitz sehr streng!"

Sieber lachte nur höhnisch auf, sagte etwas von übler Nachrede und fehlenden Beweisen und gab Robi den Befehl weiterzufahren. Auffallend an der Rede des Forstmannes war, dass er kein Wort von Wilddieberei gesprochen hatte. Sicher war es auch ihm gar nicht so unrecht, dass der hohe Wildbestand reduziert wurde, denn auch der Wildverbiss an seinen Jungforsten bereitete ihm große Sorgen. Durch die gutgemeinten Worte des Forstmannes nachdenklich geworden, zogen es Fritz und Robi vor, gegen den Willen von Sieber in dieser Nacht keine Jagd durchzuführen. Doch bald war der Vorgang vergessen und die wilde Jagd ging weiter. Sieber wollte oder konnte sich jetzt nicht mehr an den nächtlichen Jagden beteiligen. Er hatte große Mühe, das in großen Mengen anfallende Wildbret zu verkaufen. Durch die guten Verkaufserfolge wurde Sieber immer dreister. Er ließ die gebotene Vorsicht fallen und verkaufte unbekümmert Wildbret an jeden der bezahlen konnte. So kam er an den Falschen und wurde angezeigt. Bei der polizeilichen Vernehmung brachte man ihn in Bedrängnis und um sich rein zu waschen, verriet er seinen treuesten Freund Fritz Kraut als den Warenlieferanten.

Sieber, die eigentliche Triebfeder der illegalen Unternehmungen, wurde zwar vorerst inhaftiert, aber man hatte ihm nach Prüfung seiner Aussagen Straffreiheit zugesagt. Zudem versprach sich die Landespolizei mehr von der Ergreifung eines Waffenbesitzers als von der Bestrafung eines vermeintlichen kleinen Schwarzhändlers.

Damit war es dem feinen Herrn Sieber, dem „Hundling dem mistigen", gelungen sich aus einer bedrohlichen Situation zu befreien, jedoch auf Kosten eines Freundes, den er durch sein Verhalten um so tiefer in Bedrängnis brachte. Besonders verwerflich an seiner Tat war, dass der Verratene keine Ahnung von den Dingen hatte, die in naher Zukunft auf ihn zu kommen würden.

Die Beichte

Vorsorglich hatte es Fritz bisher vermieden, über sein illegales Jagen mit Elli zu sprechen. Da sie auch wenig Kontakt zur Dorfbevölkerung hatte, wusste sie von den nächtlichen Jagdabenteuern ihres Freundes recht wenig. Zwar hatte Fritz verschiedentlich vage Andeutungen gemacht, aber Elli glaubte dies geschehe immer noch unter der Aufsicht und im Namen des Jagdpächters Kraut sen. Für den heutigen Abend waren die beiden Liebesleute zu einem gemeinsamen Waldspaziergang verabredet. Es war ein herrlicher Sommerabend, fast ein wenig zu warm. Man musste tagsüber befürchten, dass sich die drückende Schwüle in einem Gewitter entladen könnte. Jetzt waren die drohenden Gewitterwolken verzogen und der aufkommende Abend brachte angenehme Kühle. Fritz hatte Elli von zu Hause abgeholt und beide schlenderten zum Dorf hinaus dem Wald entgegen. Zwischen den hohen Laubbäumen des Waldes war es noch etwas kühler. Die leichte Prise von Westen wirkte äußerst angenehm nach der großen Hitze des vergangenen Tages. Der laue Abendwind spielte mit dem Laub in den majestätischen Eichenbäumen und verbreitete ein angenehmes Rauschen. Als noch der Vollmond am Horizont emporstieg, war ein idyllischer Sommerabend, wie geschaffen für Verliebte, vollkommen. Fritz hatte seinen Arm um Ellis Schulter gelegt und sie umarmte ihn wiederum um die Hüfte. So engumschlungen wanderte das junge Liebespaar durch den dämmrigen Abend. Elli fühlte sich glücklich und geborgen in den starken Armen ihres Freundes. Sie hatte die Augenlider geschlossen und träumte still vor sich hin. Fritz hatte wohl am entspannten Gesichtsausdruck seiner Geliebten bemerkt, dass sie den Abendspaziergang voll genoss und vermied es, durch eine banale Unterhaltung die Stimmung der jungen Frau zu stören. Lautlos wanderten beide besinnlich dahin. Für Elli, die eigentlich ein Kind der Großstadt war, gehörten solche Naturwanderungen zu den seltenen Ausnahmen. Fritz hatte solche lauschigen Abende schon öfters erlebt, deshalb widmete er seine Aufmerksamkeit mehr den Kleinlebewesen am Wegesrand. Angespannt lauschte er den Geräuschen des zur Abendzeit lebendig werdenden Waldes. Hier und da flogen erschrockene Vögel auf und aus der Ferne hörte man das heisere Rufen eines Waldkauzes. Oben im Geäst einer knorrigen Eiche krabbelte und knabberte etwas. Angestrengt schaute Fritz in die Richtung der Geräusche. Auch Elli war aufmerksam geworden. Jetzt konnte man auf einem Ast den Ruhestörer sehen. Es war ein putziges kleines Eichhörnchen, das aufrecht auf den Hinterbeinen saß und zwischen den Vorderpfoten eine Eichel hielt. Genüsslich knabberte das Tier an der Frucht herum. Man konnte richtig sehen wie es ihm schmeckte. An den beiden Zuschauern störte es sich nicht. Für Elli war der Anblick des ulkigen kleinen Kerls eine große Freude. Lange verweilten beide beim Zuschauen des lustigen Gesellen, bis dieser seine Eichel verspeist hatte und sich aufmachte, neue Nahrung zu suchen.

Ellis Neugierde an der wunderschönen Natur ihrer neuen Heimat war geweckt. Fritz musste ihr viel Wissenswertes über die verschiedenen heimischen Tierarten erzählen. Nun war es nicht so, dass Elli gänzlich unwissend über die Flora und Fauna ihrer nächsten Umgebung gewesen wäre, aber alles lebendig in der Natur zu erleben, erfüllte sie mit einem besonderen Glücksgefühl.

Fritz hatte, ganz dem Thema angepasst, nur leise und flüsternd gesprochen. Dabei war eine geheimnisvolle Spannung entstanden, die Elli veranlasste, ihren Freund noch enger zu umarmen. Plötzlich huschte ein großer Schatten über die Köpfe der beiden.

Die Beichte

Es war eine Waldohreule auf Nahrungssuche. Ihr Erscheinen brachte Fritz in Zusammenhang mit dem soeben beobachteten Eichhörnchen. Er musste Elli erklären, dass gerade die kleinen possierlichen Eichkatzen die Lieblingsnahrung der großen Raubvögel seien. Der Kreislauf der Natur, der da heißt fressen und gefressen werden, bestimme schon seit Urzeiten den Rhythmus des Lebens. Die junge Frau wurde richtig melancholisch. Fritz merkte, dass ein solch trauriges Gespräch nur den Abend verderben konnte und versuchte die Unterhaltung auf erfreulichere Bahnen zu lenken. Aber die Melancholie blieb bestehen. Schweigend gingen beide weiter durch den Wald. Fritz überlegte fieberhaft, ob er nicht gerade jetzt in der bedächtigen Stimmung seine Jagdabenteuer beichten sollte, aber er brachte es noch nicht übers Herz. Jetzt, gerade nach der spannenden Erzählung vom Recht des Stärkeren, der als Lebensunterhalt den Schwächeren auffrisst, wäre eigentlich der richtige Moment gewesen. Aber wie würde Elli reagieren, wenn sie die volle Wahrheit über sein unlauteres Tun erfahren würde. Schlimmstenfalls würde sie die ungesetzlichen Taten verurteilen und ihn gar verlassen. Solche und ähnliche Gedanken quälten den jungen Mann. Trotzdem glaubte er seiner geliebten Freundin die ganze Wahrheit sagen zu müssen, zumal auch sie immer aufrichtig zu ihm gewesen war.

Mittlerweile war man aus dem Eichenwald in den Tannenwald gekommen. Etwas abseits des Weges erblickte Fritz ein mit Waldmoos bewachsenes stilles Plätzchen. Dorthin führte er die junge Frau und setzte sich zu Boden. Behutsam mit sanfter Gewalt zog er seine Freundin zu sich ins weiche Moos. Willig ließ sie es mit sich geschehen und schmiegte sich liebevoll an ihn.

Doch jetzt auf einmal wirkte Fritz äußerst ernst und verschlossen. Sie merkte sofort, dass ihn etwas bedrückte. Sie redete ihm gut zu, er möge ihr doch über seine Sorgen berichten. Ja, sie war sogar richtig beleidigt, als er nicht so recht sprechen wollte. Jetzt hatte Fritz seine Geliebte neugierig gemacht und so musste er auch reden.

So erfuhr die junge Frau noch an diesem Abend die ganzen abenteuerlichen Geschehnisse der letzten Wochen. Ohne zu beschönigen oder zu untertreiben erzählte er ihr alle seine Erlebnisse als wilder Jäger in den umliegenden Forsten. Elli hatte sich im Moos zurück gelegt und die Hände vors Gesicht geschlagen. Lautlos ohne ihn zu unterbrechen hatte sie zugehört. Jetzt, da Fritz mit seiner Erzählung am Ende war, nahm sie die Hände vom Gesicht und Fritz konnte in ihre erschrockenen Augen blicken. Längere Zeit schauten sich beide so an, bis Elli die ganze Tragweite des gesetzlosen Handelns ihres Freundes begriff. Sie sprang auf und lief zum nächsten Fichtenbaum. Mit dem Rücken am Stamm angelehnt begann sie mit vorwurfsvoller Stimme auf ihn einzureden:

„Wie konntest Du Dich auf ein solches gefährliches Abenteuer einlassen? Du weißt was passiert, wenn man Dich erwischt! Willst Du, dass wir nach der zu erwartenden Gefängnisstrafe für längere Zeit getrennt sein müssen?"

Der junge Mann war richtig froh, dass er sich die ganze innere Anspannung von der Seele geredet hatte. Auch über die tadelnden Worte der jungen Frau war er nicht im mindesten traurig, deutlich konnte man aus den Vorwürfen die Angst heraushören, die sie um ihren Geliebten hatte. Dazu hatte sie ja nur so recht. Alle Entschuldigungen, wie, er sei ungeschickt in die Sache geschlittert oder von Sieber erpresst worden, wurden von ihr nicht anerkannt. Unmissverständlich stellte Elli am Schluss ihrer Anklagerede die entscheidende Frage:

„Willst Du das ungesetzmäßige Leben so weiter führen?"

Diese Frage, das spürte Fritz deutlich, enthielt eine unausgesprochene Drohung. Elli war es durchaus zuzutrauen, bei einer entsprechenden Antwort die nötigen Konsequenzen zu ziehen. Eigentlich war Fritz auf ein derartiges Ultimatum vorbereitet, er hatte sogar damit gerechnet. In einer langen Aussprache beteuerte er hoch und heilig, seine ungesetzlichen Lebensgewohnheiten gänzlich abzustellen. Als Beweis versprach er gleich am nächsten Tag in den Wald zu gehen, um das unselige Gewehr aus dem Versteck zu holen und es zu vernichten. Damit wäre dem Dunkelmann Sieber die Basis seiner Erpressungen genommen.

Elli kannte ihren Freund, er würde sie niemals belügen. Für sie war klar, dass Fritz sein Wort halten würde und damit die Sache in Ordnung käme. So war Fritz richtig froh, als seine Freundin vom Baum, an dem sie noch die ganze Zeit angelehnt gestanden hatte, zu ihm zurück auf das Moosplätzchen kam. Aus dieser Geste konnte er erkennen, dass sie ihm wieder vertraute.

„Komm, lass uns weitergehen, der Abend ist so schön, wir wollen ihn ausgiebig genießen,"
schlug Elli vor und Fritz war einverstanden. Symbolisch nahm sie ihn bei den Händen, um ihm beim Aufstehen vom Waldboden zu helfen. Händehaltend zogen sie weiter in den Wald hinein.

In der Gegend kannte sich Fritz gut aus, so führte er seine Geliebte in weitem Bogen um den Ort immer durch den Wald. Sie waren nach der Rast im Moos schon eine gute Stunde weitergewandert und hatten dabei kein Wort gewechselt. Jeder hing seinen eigenen Gedanken nach. Mittlerweile waren sie am Abhang des Berges Lannertskopf angekommen. Der Lannertskopf ist ein Bergrücken mittlerer Größe und mit dichtem Wald bewachsen. In weit ausladenden Serpentinen führte der Waldweg bis zur Berghöhe. Auf der Bergrückseite ging der Waldweg wieder zurück zum Dorf. Diese Wanderrichtung wollte Fritz nehmen. Vor einigen Jahren war eine größere Waldfläche direkt auf der Anhöhe des Lannertskopfes von Waldarbeitern abgeholzt worden. Den dabei entstandenen Kahlschlag hatte die Forstbehörde wieder mit jungen Baumkulturen nachpflanzen lassen. Die kleinen Bäumchen waren gerade angewachsen und kaum höher als das Waldgras. Bei Tage hatte man von hier eine schöne Fernsicht über die Täler und Berge der näheren Heimat. Selbst in der Nacht konnte man die im Tal liegenden beleuchteten Wohnsiedlungen sehen.

Als das junge Paar aus dem dichten Wald in die baumlose Freifläche kam, stand der Vollmond genau hinter der Bergkuppe. Sein fahles Licht tauchte die Umgebung in eine zauberhafte, unwirkliche Welt. Außerhalb des schützenden Waldes lebten weniger Kleintiere und die Geräusche des Waldes waren hier weniger zu hören. Elli fühlte sich auf der vom Mondlicht durchfluteten waldfreien Fläche freier als im geschlossenen Wald. Hin und wieder schwirrte ein Glühwürmchen über den Weg. Elli hatte sich aus der Umarmung ihres Freundes gelöst und versuchte spielerisch eines der leuchtenden Käferchen zu fangen. Fritz schaute lächelnd dem hoffnungslosen Treiben des Mädchens zu. Sie hatte sich bei den Fangversuchen einige Schritte vom Freund entfernt.

Plötzlich durchdrang ein mächtiges Brüllen die wohltuende Ruhe der Nacht. Elli war derart erschrocken, dass sie die wenigen Schritte zu Fritz im Laufschritt zurücklegte. Er umarmte das vor Angst zitternde Mädchen und schaute in die Richtung, aus der das ungestüme Lärmen gekommen war. Genau oben auf der Höhe des Lannertskopfes, wohl etwa 100 Schritte entfernt, stand ein mächtiger Hirsch. Gegen das hinter dem Berg

stehende Mondlicht konnte man deutlich die Silhouette des majestätischen Tieres erkennen. Es dürfte wenigsten ein Zwölf- oder gar ein Vierzehnender, wie ihn der Weidmann nach den Spitzen des Geweihes bezeichnet, gewesen sein. Mit erschreckter Stimme fragte die jung Frau:
„Was war das?"
Behutsam, ohne zu antworten, legte Fritz seinen Zeigefinger auf ihren Mund und machte eine vielsagende Kopfbewegung in die Richtung in welche der König der Wälder stand. Auch sie konnte jetzt das große Tier in seiner ganzen majestätischen Schönheit sehen. In dem Moment legte das Tier sein Geweih zurück und reckte den Kopf nach vorn. In gestreckter Haltung ließ es wieder sein schaurig schönes Röhren erschallen. Diesmal noch stärker und lauter als beim erstenmal. Sicher waren ganz in der Nähe seine Hirschkühe, denen er zu imponieren suchte. Elli hatte jede Angst abgelegt und beobachtete mit großem Interesse das gebotene Naturschauspiel. Auch für den in Jagdangelegenheiten erfahrenen jungen Mann war die beschauliche Tierbeobachtung ein durchaus neues Erlebnis. In der majestätischen Größe, wie das Tier da oben stand, verdiente es zu Recht die Bezeichnung „König der Wälder". Nachdem der Hirsch seinen Brunftschrei zum dritten Male ausgestoßen hatte, bekam er auf ähnliche Weise vom gegenüberliegenden Waldgebiet Antwort. Ärgerlich warf er seinen gehörnten Kopf herum in die Richtung, aus der offenbar ein Nebenbuhler im Anmarsch war. Mit hocherhobenem Haupt und gemächlichen Schrittes trabte er seinem vermeintlichen Nebenbuhler entgegen, um, wenn nötig, sein Vorrecht auf das Gebiet und die Hirschkühe zu verteidigen. Damit war das herrliche Naturschauspiel beendet.
Das Liebespaar setzte seinen unterbrochenen Spaziergang fort. Da es schon Mitternacht geworden war, beeilten sich beide, um auf dem kürzesten Weg nach Hause zu kommen. Dieser Abend war für Fritz von besonderer Bedeutung. Die Aussprache mit der geliebten Elli über seine illegalen Jagdabenteuer musste sein. Dass dies heute bei einem wunderschönen Abendspaziergang geschehen war und dass ihm das Mädchen all die Taten verziehen hatte, ließ den jungen Mann zufrieden einschlafen.
Vom Verrat des verschlagenen Sieber ahnte Fritz zu dieser Zeit noch nichts. Für ihn schienen nach der Aussprache mit seiner Freundin die allergrößten Probleme gelöst. Das gegebene Versprechen mit der Vernichtung des Jagdgewehres sollte zuerst erfüllt werden. Aber die Ruhe und Zufriedenheit dieses Abends sollte trügerisch sein. Nach dem Verrat von Sieber war schon sein Haftbefehl ausgestellt und selbst das Festnahmekommando war schon bestimmt.

Freilebendes Wild im Odenwald nach einer Federzeichnung von Stettin.

Gefangenschaft und Flucht

Am Tag, nach dem Fritz den romantischen Abendspaziergang mit Elli gemacht hatte, ging er morgens wie gewöhnlich zur Schule. Vater Kraut hatte auch schon zeitig das Haus verlassen, um seiner Tierpflege nachzukommen. Frau Kraut war alleine zu Hause bei der Erledigung der normalen Hausarbeiten, als es an der Haustüre klingelte. Behutsam wischte sie sich die Hände trocken und ging durch die Diele zur Haustüre, um zu öffnen. Verwundert sah sie durch das Flurfenster, wie zwei uniformierte Polizeibeamte durch den Garten hasteten. Als sie die Haustüre öffnete, standen ihr ebenfalls zwei unbekannte Gendarmen gegenüber. Sie hielten der verdutzten Frau ein amtliches Schreiben entgegen und fragten mit erhobener Stimme:
„Frau Kraut, ist Ihr Sohn zu Hause, wir haben die amtliche Order ihn zu verhaften, hier ist der Haftbefehl?"
Frau Kraut stand wie mit einer Keule geschlagen fassungslos vor den Beamten. Nach Luft ringend stammelte sie, dass dies wohl ein Irrtum sein müsste. Die amtsstrengen Beamten beurteilten das zögerliche Verhalten der Frau als bewusste Zeitverzögerung. Sie glaubten sie wollte Zeit gewinnen, um ihrem Sohn, den sie im Haus vermuteten, die Flucht zu ermöglichen. Unsanft schoben sie die Frau zur Seite und begannen unvermittelt mit der Hausdurchsuchung. Als man das Haus vom Dachboden bis zum Keller durchforscht und den Gesuchten nicht gefunden hatte, kam der Wortführer der Beamten wieder zu Frau Kraut zurück und setzte seine Befragung fort. Frau Kraut gab ihm mit tränenreicher Stimme zu verstehen, dass ihr Sohn heute morgen wie immer das Haus verlassen habe und mit an Sicherheit grenzender Wahrscheinlichkeit zur Schule gegangen sei. Da der Gymnasiumsschulbetrieb in verschiedenen Gebäuden des Dortes durchgeführt werde, könne sie nicht mit Bestimmtheit sagen, an welchem Ort sich ihr Sohn aufhalte. Darauf zogen sich die Beamten zu einer kurzen Beratung ins Nebenzimmer zurück. Offenbar waren sie zu dem Entschluss gekommen, die Rückkehr des Gesuchten im Hause abzuwarten. Die beiden Kollegen wurden aus dem Garten ins Haus zurückgerufen und die Haustüre von innen verschlossen.
Als nun Fritz nach Beendigung der Schule zur Mittagszeit ahnungslos zur Haustüre hereinkam, stürzten vier Polizeibeamte auf ihn und legten ihm Handschellen an. Ohne weitere Auskunft wurde der junge Mann wie ein Schwerverbrecher abgeführt.
Seit altersher war Wald-Michelbach Mittelpunkt einer Zehnt mit allen dazu gehörigen Rechten und Pflichten. Sogar ein Zehntgericht mit Zehntschultheiß und Schöffen ist seit dem Mittelalter nachweisbar. Die Kompetenz der alten Gerichtsbarkeit ging bis zu „Blut und Hals", das heißt, auch schwere Verbrechen mit nachfolgender Todesstrafe wurden vor Ort abgeurteilt. Exekutionsstätte war der Galgen auf der Galgenhöhe. Am Anfang des neunzehnten Jahrhunderts wechselte die Rechtsprechung von den einzelnen Zehnten zur großherzoglich Hessischen Gerichtsbarkeit. Zur Ausübung der richterlichen Befugnisse baute der Staat im Jahre 1852 ein stattliches Gerichtsgebäude im Ort. Hier wurden ab dieser Zeit die Streitigkeiten zwischen Staat und Bürgern der Region im dafür vorgesehenen Gerichtsgebäude abgehandelt. Auch das im Aufbau begriffene Katasterwesen hatte seinen Sitz in dem neuen Staatsgebäude. Ganz in der Nähe des Hauses, etwas oberhalb auf freiem Gelände, hatte man zusätzlich einen staatlichen Gefängnisbau errichtet. Das eigentliche Gefängnis, ein schmuckloser Zweckbau, war von einer gewaltigen Festungsmauer umgeben. Da sowohl das Gebäude als auch die umgebende

Gefangenschaft und Flucht

Mauer aus feinbehauenen Sandsteinquadern bestand, konnten Ortsfremde im ersten Moment glauben, Wald-Michelbach habe eine mittelalterliche Trutzburg.
In dieses düstere Strafgefängnis sollte Fritz eingeliefert werden.
Vielleicht war das Gefängnis in seiner ursprünglichen Funktion einmal für die Unterbringung von wirklichen Verbrechern gedacht. Aber Schwerverbrecher im eigentlichen Sinne waren hier nie zur Strafverbüßung untergebracht. Meistens wurden Kleinbürger, die einmal etwas über den Durst getrunken hatten, zur Ausnüchterung in die Arrestzellen gesteckt. Natürlich kam es auch manchmal vor, dass ein kleiner Sünder zur Abbüßung einer geringen Haftstrafe einige Wochen in dem ungastlichen Hause verbringen musste. Doch von einer Strafverbüßung, wie es das Gesetz vorschreibt, konnte nicht die Rede sein. Der so Inhaftierte musste den außerhalb der Gefängnismauern liegenden Garten des Gefängniswärterehepaares bearbeiten, Brennholz spalten und andere Hausarbeiten verrichten. Abends jedoch musste der Häftling zur Nachtruhe in seine Zelle, da kannte der Gefängniswärter keine Gnade. Abgeschlossen wurde jedoch nicht. Im Ort erzählte man sich sogar, dass die Ehefrau des Gefängniswärters manchmal den Inhaftierten zur Gastwirtschaft geschickt habe, um ihren auf Zechtour befindlichen Ehemann heimzuholen.
Dieser Gefängniswärter war überhaupt eine originelle Persönlichkeit. Neben seinem Beruf des Gefängniswärters war er auch als Justizwachtmeister bei Gericht tätig. In dieser Eigenschaft als absolute Respektsperson hatte man ihm, sicher schon zu Kaiserzeiten, eine schmucke Uniform mit blanken Knöpfen, Schildmütze, Achselstücken und einem Schleppsäbel als äußeres Zeichen seines Amtes verpasst. So ausgestattet mit Uniform und Amtsmütze musste er wichtige Gerichtsurkunden in der Region austragen. Für gerichtliche Ortsbekanntmachungen hatte er eine Schelle, mit der er läutend durch die Straßen zog. An exponierten Ortspunkten und Straßenkreuzungen begann er dann seine Bekanntmachungen mit lauter Stimme zu verkünden.

Das Großherzoglich Hessische Staatsgefängnis von Wald-Michelbach.

Gefangenschaft und Flucht

Als am 28. März 1945 die amerikanische Wehrmacht in das Dorf einrücken wollte, leisteten versprengte deutsche Wehrmachtsteile, es waren nur ein paar Dutzend Soldaten mit einigen leichten Panzerabwehrkanonen, der alliierten Besatzungsmacht geringen Widerstand. Die an der Spitze fahrenden schweren US-Panzer stoppten ihren Vormarsch und schossen zurück was die Rohre hergaben. 17 deutsche Militärangehörige und zwei Zivilpersonen verloren dabei ihr Leben. Der Widerstand des kleinen Häufleins deutscher Soldaten war in kurzer Zeit gebrochen, aber die amerikanischen Panzer schossen immer noch. In dieser lebensgefährlichen Situation zog der pflichtbewusste Justizbeamte seine Uniform an, setzte die Schildmütze auf und hängte den Schleppsäbel ans Koppel. So als Respektsperson zu erkennen, ging er den angreifenden US-Panzern auf der Staatsstraße entgegen. Es mutet noch heute wie ein Wunder an, dass er nicht erschossen wurde.

Was der brave Mann mit dieser mutigen Tat wirklich bewirken wollte, lässt sich nur vermuten. Ihm war bekannt, dass seit alters her in deutschen Landen der Mensch mit einer Uniform uneingeschränkten Respekt genießt. So glaubte er wohl auch den anrückenden Amerikanern mit einer solchen Kleidung zu imponieren. Vielleicht wollte er durch gutes Zureden die Angreifer bitten, das Schießen und Töten zu beenden. Leider konnte er nicht wissen, dass diese gerade gegen deutsche Uniformen allergisch waren. Da er sich mit den Angreifern in deren Sprache nicht verständlich machen konnte, nahmen diese ihn kurzerhand gefangen, rissen ihm die Achselstücke ab und entwaffneten ihn, in dem sie ihm den Schleppsäbel abnahmen. Trotz Proteste seinerseits wurde er auf einem US-Militärlastwagen abtransportiert. Erschwerend für ihn war, dass ihn die Amerikaner wegen seiner Uniform für einen möglichen Gefangenen- oder gar für einen KZ-Gefängniswärter hielten. Es dauerte Wochen bis der gute Mann aus der US-Gefangenschaft wieder nach Hause kam.

Bei diesem so pflichtbewussten Justizbeamten sollte Fritz als Gefängnishäftling eingeliefert werden. Schon öfters hatte Fritz mit dem gutgläubigen Staatsdiener so seine Streiche getrieben. Man kann sich denken, dass es für den Beamten eine besondere Genugtuung war, Fritz in seine Gewalt zu bekommen. Von einer übergeordneten Dienststelle hatte man ihm mitgeteilt, dass noch heute mit einer äußerst wichtigen Inhaftierung zu rechnen sei. Entsprechend waren seine Vorbereitungen. Er legte seine Dienstuniform an und überprüfte nochmals gewissenhaft die Arrestzellen und deren Schlösser. Seine Frau, die unter dem Diensteifer ihres Mannes stark zu leiden hatte, musste nochmals die Zellen reinigen. Er persönlich staubte mit einem Lappen die kleinen vergitterten Zellenfenster ab. Nachdem alle Vorbereitungen zur Inhaftierung des neuen Klienten getroffen waren, lief er nervös im Haus umher. Kam ihm von der Familie etwa Frau oder Kinder in die Quere, herrschte er sie barsch an und befahl irgendwelche unnötige Arbeiten.

Da sich die Verhaftung von Fritz verzögert hatte war es schon Mittag geworden. Voller Spannung und Ungeduld erwartete der Gefängniswärter den neuen Gefangenen hinter dem großen Tor der Außenmauer. Endlich war es soweit, es hatte jemand dreimal kurz am großen Tor geklopft. Das konnten nur die Erwarteten sein. Ein Blick durch das Torfensterchen bestätigte seine Annahme. Vor dem Gefängnistor standen vier Polizeibeamte mit einem Gefangenen. Umständlich drehte er den Bartschlüssel im antiken Schloss um und sperrte das Tor auf. Mit vorgegebenem Zeremoniell wurde der Gefängniswärter von den Gendarmen über Wichtigkeit und Dringlichkeit des eingelieferten Gefangenen informiert. Auch mit besonderer Fluchtgefahr sei zu rechnen.

Obwohl der diensteifrige Justizbeamte den jungen Gefangenen sehr gut kannte, ließ er sich mit strenger Amtsmiene nochmals Namen und Heimadresse sagen. Er ging sogar soweit, dass er den Gefangenen mit Nachnamen und per „Sie" anredete. Unter der Aufsicht der Gendarmen musste Fritz auf Anweisung seine Taschen leeren. Alle Habseligkeiten wurden in einem eigens dafür bestimmten Katalog eingetragen. Selbst der abgenutzte Kamm wurde eingezogen. Jetzt tastete ein Beamter den Gefangenen von oben bis unten ab und suchte nach versteckten Sachen. Als man Fritz auch noch den Gürtel aus der Hose nahm und die Schnürsenkel aus den Schuhen zog, war dies für den jungen Mann, der die ganze Zeit mehr amüsiert als verärgert zugeschaut hatte, doch zu viel. Er protestierte gegen eine derartige menschenverachtende Behandlung. Es war jedoch vergebens, er musste sich fügen.

Ehe sich Fritz noch versah, schoben ihn die Polizeibeamten in die vorgesehene Gefängniszelle und schlugen die schwere gepanzerte Tür hinter ihm zu. Umständlich, als beginge er eine heilige Handlung, waltete der Gefängniswärter Peter Josef seiner Wärterpflichten. Mit sicherem Griff holte er den richtigen Schlüssel aus dem großen Schlüsselbund und schloss mit oftmals gemachter Handdrehung die Zellentür von außen ab. Darauf verabschiedeten sich die Gendarmen, jedoch nicht ohne nochmals auf die Wichtigkeit des Inhaftierten hinzuweisen. Mit einem Blick durchs Guckfenster überzeugte man sich von der korrekten Unterbringung des Gefangenen und verließ das Gebäude.

Der gestrenge Justizwachtmeister Peter Josef in vollem Schmuck seiner Uniform vor dem Tor des Ortsgefängnisses.

Was man vorher nie bei Peter Josef gesehen hatte, ab dieser Stunde trug er stetig den großen Schlüsselbund an seinem Hosenkoppel, auch wenn er als Gast in einer Kneipe weilte. Besonders bei Gesprächen am Stammtisch machte er deutlich, welche prominente Persönlichkeit er und zwar nur er allein in seinen Mauern zu bewachen hatte. Damit war es für normale Personen nicht möglich, den Gefangenen ohne Wissen des Justizbeamten zu besuchen. Hätte nicht Frau Kraut ab und zu etwas Warmes zu essen gebracht, Peter Josef hätte ganz nach Vorgabe den Eingesperrten bei Wasser und Brot gehalten.

Elli hatte in der anschließenden Nacht, in der sie mit Fritz den Abendspaziergang gemacht hatte, nicht gut geschlafen. Zu stark beschäftigte sie noch die unangenehmen Dinge, die ihr Freund Fritz gebeichtet hatte. Jetzt da sie nochmals alles überdachte, verspürte sie eine noch stärkere Angst um ihren Geliebten als noch am Vorabend. Schwere Alpträume quälten die junge Frau. So war sie am nächsten Morgen derart müde und fühlte sich unausgeschlafen, dass sie beschloss, heute den Schulunterricht nicht zu besuchen. Bei ihren guten schulischen Leistungen, konnte sie es sich erlauben, einen Tag der Schule fernzubleiben.
Am Nachmittag machte sie sich auf, um sich bei einer Klassenkameradin die fälligen Hausaufgaben für den nächsten Tag zu besorgen. Elli wollte den versäumten Schulunterricht so gut wie möglich nacharbeiten.
Die Festnahme von Fritz durch die vier Polizeibeamten mit der anschließenden Inhaftierung im Ortsgefängnis war nicht unbemerkt geblieben. Die wenigen Augenzeugen des Ereignisses erzählten das Geschehene sofort weiter und in kurzer Zeit wusste der halbe Ort über die Geschichte genau Bescheid. Bisher hatte es niemand gewagt, Elli die traurige Wahrheit zu sagen. Sie musste sich nur wundern, dass sie die Leute auf der Straße heute so sonderbar mitleidsvoll ansahen.
Als Elli bei der Klassenkameradin ankam, wurde sie von dieser und ihren Angehörigen mit Fragen überschüttet:
„Was hat Fritz angestellt? Warum haben sie ihn eingesperrt, doch nicht etwa weil er uns die gefräßigen Wildtiere von den Äckern ferngehalten hat? Das wäre aber eine große Gemeinheit!"
Die ausgesprochenen Fragen spiegelten genau die öffentliche Meinung der Bürger über die Festnahme des Tierarztsohnes wieder. Auch Elli konnte die gestellten Fragen nicht beantworten, aber sie konnte sich die näheren Zusammenhänge, die zur Verhaftung geführt hatten, gut vorstellen. Für einen Augenblick glaubte sie, ihre Welt müsste im nächsten Moment zusammenstürzen. Aber schon kurze Zeit später hatte sie sich wieder in der Gewalt und fragte noch kurz:
„Wo hat man Fritz hingebracht?"
Etwas mitleidig antwortete die Mitschülerin:
„Ins Ortsgefängnis, wohin sonst, weißt Du denn das nicht?"
Ohne die Frage zu beantworten und ohne die nachgefragten Schulaufgaben, verließ Elli das Elternhaus der Freundin.
Auf der Straße hatten sich hie und da Mitbürger in kleinen Gruppen versammelt. Jedes Mal, als Elli an einer solchen Menschengruppe vorbeikam, verstummten deren angeregte Diskussionen. Natürlich wusste Elli, was die Menschen an diesem Tage bewegte und was der Grund ihrer Gespräche war. Es konnte dabei nur um die Ver-

haftung ihres Freundes gehen. Kam sie an einer ausschließlich aus männlichen Diskussionspartnern bestehenden Runde vorbei, konnte sie sogar ein aufmunterndes Gemurmel vernehmen. Diese sporadischen Beifallsbekundungen, der sich ansonsten ihr gegenüber reserviert verhaltenen männlichen Ortsbewohner, machten der jungen Frau wieder neuen Mut. Sie wurde in ihrer Annahme, Fritz sei eigentlich unschuldig inhaftiert, bestätigt.

Sie begab sich ohne Umwege zum Gefängnis, um in der Stunde der größten Not ihrem Geliebten beizustehen. Hier angekommen, musste sie die zweite Enttäuschung des Tages erleben. Auf ihr kurzes Läuten an der Glocke am Gefängnisportal erschien mit stolz erhobener Brust und aufgesetzter Amtsmiene der Justizwachtmeister Peter Josef. Heute öffnete er nicht das sonst sowieso immer offenstehende große Tor, sondern nur das Sprechfenster. Durch die kleine Fensteröffnung musterte er mit strenger Miene von oben bis unten die junge Frau. Obwohl auch er Elli gut kannte und sich früher schon öfter mit ihr über belanglose Themen unterhalten hatte, fragte er heute in vorbereitetem Amtston:

„Wie ist ihr Name und was wünschen sie?"

Elli gab sich namentlich zu erkennen und sie wäre hier, um ihren persönlichen Freund, Herrn Fritz Kraut, zu besuchen. Darauf bekam sie von dem Gefängnisallgewaltigen zur Antwort:

„Das ist nur den nächsten Verwandten des Inhaftierten zu den vorgeschriebenen Besuchszeiten gestattet. Für Fremde ist der Zugang zu ihm nur mit einer Sondererlaubnis der Staatsanwaltschaft erlaubt!"

Noch nie hatte der Justizwachtmeister Peter Josef auch nur annähernd so vorschriftsmäßig und pflichtbewusst bei der Ausübung seiner Amtsgewalt gehandelt. Alles gute Zureden von Seiten der jungen Frau war vergebens. Er verwies auf seine Dienstvorschriften, schloss das Sprechfenster und ließ Elli vor der Türe stehen.

Der Staatsanwalt hatte verschiedene Landgerichte im Odenwald zu vertreten, so kam es, dass er nur einmal in der Woche zu bestimmter Zeit in der Gemeinde anwesend war. Natürlich häuften sich zu dieser kurzbemessenen Zeit eine Menge Akten bei ihm an, die abgearbeitet werden mussten. Eine absolute Einmaligkeit war es für den Staatsbeamten, dass Elli um eine Besuchserlaubnis für das hiesige Ortsgefängnis bat. So etwas war bisher noch nie vorgekommen, wohl deshalb fertigte dieser die junge Frau etwas barsch mit den Worten ab:

„Sie sind mit dem Inhaftierten nicht verwandt und deshalb können sie keine Besuchserlaubnis haben. Müssten Sie aber im Auftrage der Verwandten für den Inhaftierten irgendwelche Zubringerdienste erledigen, könnte eine Ausnahmegenehmigung erteilt werden. Dafür benötigen Sie allerdings eine schriftliche Benachrichtigung des Familienoberhauptes!"

Damit war Elli wieder unverrichteter Dinge verabschiedet.

Bisher hatte es Elli immer vermieden, den Eltern Ihres Freundes vorgestellt zu werden. Das sollte sich jetzt als Nachteil erweisen. Wollte sie ihren Liebsten besuchen, so musste sie die zustimmende Erlaubnis von Vater Kraut haben. Also blieb keine andere Wahl, als die Familie Kraut in deren Wohnung aufzusuchen.

Es war für Elli schon ein beklemmendes Gefühl, als sie vor der Haustüre der Arztwohnung stand und klingelte. Wie würden die Eltern von Fritz sie, eine Ortsfremde, aufnehmen? Vielleicht würden die Eltern sie sogar für die begangenen illegalen Taten ihres

Sohnes mitverantwortlich machen. In die trüben Gedanken hinein, die sich Elli machte, öffnete sich die Haustür und heraus trat Frau Kraut mit den Worten:
„Guten Tag, Sie sind wohl Fräulein Elli, kommen Sie doch bitte herein!"
Bevor Elli noch den freundlichen Gruß erwidern konnte, wurde sie von der älteren Dame freundschaftlich untergehakt und durch die Tür in die Wohnstube geführt. Hier setzten sich die beiden Frauen in die Plauderecke. Herr Kraut senior war nicht anwesend, was Elli nicht ganz ungelegen kam. Umständlich wollte die junge Frau ihre innige Beziehung zu Fritz erklären. Aber schon nach den ersten zögerlichen Worten wurde sie von der netten alten Dame unterbrochen:
„Aber mein liebes Kind, Sie brauchen mir doch nichts zu erzählen, ich weiß über euch beide doch längst Bescheid. Und was ich nicht wusste hat mir Fritz bei meinen letzten Gefängnisbesuchen erzählt. Ich bin Ihnen dankbar, dass Sie mich aufsuchen, ich soll Sie nämlich von meinem Sohn recht herzlich grüßen!"
Mit diesen freundlichen Worten war die Befangenheit zwischen den Frauen überwunden und es begann eine angeregte Unterhaltung. Natürlich kam dabei die Liebesbeziehung der jungen Leute zur Sprache, aber mehr noch wurde über die unbefriedigende Situation, in der sich Fritz zur Zeit befand, ausführlich gesprochen. Für Frau Kraut war es eine Selbstverständlichkeit, dass sie der heimlichen Braut ihres Sohnes helfen würde, ihren Geliebten in der Zwangsunterkunft zu besuchen.
Die Unterschrift von Herrn Kraut senior hatte Frau Kraut schnell beschafft und so musste der Staatsanwalt bei einem seiner nächsten Sprechtage die Besuchserlaubnis für Elli ausstellen. Ohne Grund ließ aber der übereifrige Gefängniswärter Elli immer noch nicht zu ihrem Fritz. Dies durfte nach wie vor nur Frau Kraut. So mussten sich die beiden Frauen einen Trick ausdenken. Zukünftig brachte Elli frische Kleidung und warmes Essen in die Zelle und Frau Kraut war ihr dabei behilflich. Nur auf diese Weise war es möglich, den übereifrigen Wachtmeister Peter Josef zu überlisten.
Endlich, nach all den bürokratischen Hindernissen, war es nun den jungen Leuten möglich, sich wenigstens durch die Gitterstäbe des Zellentürguckloches miteinander zu unterhalten. Streng wachte bei jeder Zusammenkunft der Wächter über das Tun und Reden zwischen Inhaftiertem und seinen Besuchern. Nur solange durften die Verwandten mit ihrem Liebsten reden, bis dieser seine Mahlzeit beendet hatte. Danach räusperte er sich und komplimentierte höflich aber bestimmend die beiden Damen aus dem Gefängnis. Was konnten sich Fritz und Elli im Beisein eines ungebetenen Zuhörers auch schon viel erzählen. Es genügte schon, dass man mit dem Besuch an ihn dachte, dies ließ ihn den Verlust der Freiheit leichter ertragen. Der gestrenge Vater Kraut hatte es nicht übers Herz gebracht, seinen Sohn im Gefängnis zu besuchen. Er schämte sich wohl und überließ diese unangenehme Pflicht den beiden Frauen. Fritz war diese Tatsache ganz recht, denn bei einem Besuch des alten Herrn hätte ihm dieser sicherlich nur die allergrößten Vorwürfe ob seines ungesetzlichen Tuns gemacht.
In nächster Zeit wurde Fritz wiederholt vom zuständigen Untersuchungsrichter verhört. Alle Verhöre endeten mit der Frage nach dem Verbleib des Jagdgewehres. Selbst die amerikanische Militärpolizei kam vorbei, um sich ausschließlich nach der Schusswaffe zu erkundigen.
Fritz saß nun schon seit drei Wochen in Untersuchungshaft und so langsam wurde es ihm ungemütlich. Auf seine Fragen, wann es endlich zu einer Verhandlung in seiner Sache kommen würde, bekam er von amtlicher Seite immer nur die eine Antwort:

„Nicht bevor das Gewehr abgeliefert ist!"
Dazu machte der Untersuchungsrichter so eine Andeutung, dass es bei seiner zu erwartenden Gefängnisstrafe von drei Jahren nicht auf die paar Wochen weniger oder längere Untersuchungshaft ankomme. Drei Jahre Gefängnis, dieser Gedanke löste bei Fritz tiefe Depressionen aus. Er war es gewohnt, seit seines Lebens die Freiheit in seiner schönen Überwälder Heimat zu genießen, dies sollte für drei volle Jahre vorbei sein? Er wollte und konnte sich mit solchen Gedanken nicht abfinden. Um die beiden Damen nicht zu beunruhigen, sagte er ihnen über seine düsteren Zukunftsaussichten vorerst noch nichts.

Mutter Kraut und Elli rieten Fritz ebenfalls, dem Drängen der Behörde nachzugeben und das unselige Gewehr herauszugeben, damit die Angelegenheit endlich zu einem Ende gebracht werden könne.

Bald hatte Fritz herausgefunden, dass man sich hier weniger für seine begangene Wilddieberei interessierte, sondern vielmehr für das noch immer in seinem Besitz befindliche Jagdgewehr. Das wollte er sich zunutze machen. Er stellte den Behörden in Aussicht das Gewehrversteck zu verraten, wenn längere Besuchszeiten für seine Verwandten gewährt würden. Die Bitte von Fritz, bei Auslieferung des Gewehres eine Strafaussetzung zu gewähren, lehnte die Justizbehörde mit allem Nachdruck ab. Als Hintergedanke bei der Aufsuchung des Gewehrversteckes hoffte Fritz, einen Fluchtversuch wagen zu können. Im Ortsgefängnis unter der strengen Aufsicht des Justizwachtmeisters Peter Josef war ihm dies unmöglich.

Am Vormittag des darauf folgenden Tages wurde die Zellentür aufgesperrt und zwei Fritz bekannte Ortspolizeibeamte betraten die Zelle. Sie bezogen sich in ihren Ausführungen auf das von Fritz gemachte Angebot, der Justizbehörde das Gewehrversteck zu zeigen. Fritz sagte zu und man verließ gemeinsam das ungastliche Haus. Vor dem Arrestgebäude stand ein US-Militärfahrzeug der Marke „JEEP" mit einem amerikanischen Armeeangehörigen am Steuer. Fritz musste sich in das Heck des Fahrzeuges setzen, die beiden Beamten nahmen links und rechts neben ihm Platz. Die Fahrt begann und Fritz musste an den Straßenkreuzungen den richtigen Weg angeben. Von seinem Rücksitz konnte Fritz sehen, dass der US-Amerikaner an der Koppelseite in einer Tasche eine Armeepistole trug. Dieser Umstand, das Vorhandensein eines bewaffneten Soldaten in Verbindung mit zwei ausgewachsenen Polizisten, ließ seine Hoffnung auf eine Fluchtmöglichkeit erheblich sinken. Trotzdem wollte er die einmalige Gelegenheit nicht ungenutzt lassen. Der Gedanke an drei Jahre Gefängnishaft, die ihm angedroht waren, beflügelte seine Phantasie.

Fieberhaft suchte Fritz nach einer geeigneten Fluchtmöglichkeit. Sollte er, während der Jeep durch den Wald fuhr, in einem günstigen Moment vom Wagen springen? Diese Idee war unausführbar, zu nahe saßen die Beamten neben ihm. Auch war da noch der bewaffnete Amerikaner.

Mittlerweile war man in den Wald hineingefahren. Fritz hatte bisher planlos Richtungsanweisungen gegeben. So war man auf einen schmalen, halb mit Gräsern und Büschen verwachsenen Waldweg gekommen und der Wagenfahrer hatte große Mühe sein Fahrzeug fortzubewegen. Da ging es Fritz blitzartig durch den Kopf. Wenn der Weg ganz aufhören würde, müsste man den weiteren Weg zu Fuß zurücklegen. Auch wären seine Fluchtchancen außerhalb des engen Fahrzeuges sicher bedeutend günstiger. Nach kurzem Überdenken kam ihm der alte aufgelassene Steinbruch in den Sinn.

Die Gewinnung von Natursteinen in den Sandsteinbrüchen des Überwaldes war nach der Erfindung des Kunststeines unrentabel geworden. Die Steinhauer verloren ihre Arbeit und ließen die riesigen Steinbrüche ungenutzt liegen. Die Natur eroberte sich im Laufe der Zeit das umgebrochene Gelände wieder zurück. Eine fast undurchdringliche Wildnis, bestehend aus Hecken, Gestrüpp und Unterholz, hatte sich darin ausgebreitet. Mit einem Fahrzeug konnte man dort unmöglich hineinfahren. Damit war klar, dass Fritz die Fahrt dorthin lenken würde.

Es wurde höchste Zeit, dass Fritz endlich das angebliche Gewehrversteck nennen konnte, denn die Beamten wurden schon langsam unruhig. Sicher hatten sie gemerkt, dass man bisher planlos durch den Wald gefahren war. Auf weiteren Umwegen führte Fritz den Fahrer zum großen Steinbruch. Zu diesem Zweck musste das Fahrzeug den normalen Waldweg verlassen, um auf der alten verwachsenen Steinbruchausfahrt weiterzufahren. Es war schon unwahrscheinlich, wie das allradgetriebene Militärfahrzeug über Hecken und kleine Sträucher mühelos hinwegsetzte. Auch der Fahrer beherrschte das Fahren im Gelände ausgezeichnet, sicher war er von Seiten der Armee dafür besonders ausgebildet worden. Fritz musste schon befürchten, die Fahrt über Stock und Stein über den verwachsenen Bruchweg ginge durch bis an die Steinbruchwand. Aber zum Glück wurde das Unterholz immer dichter, öfters musste der Jeepfahrer sein Fahrzeug zurücksetzen, um eine neue Fahrbahn zu finden. Endlich stoppte er und gab fluchend den Polizisten zu verstehen, dass eine Weiterfahrt nicht mehr möglich sei. Da der US-Soldat nicht Deutsch und die Polizeibeamten nicht Englisch sprachen, war die Verständigung schwierig. Fritz, der während seiner Schulzeit den Englischunterricht regelmäßig besucht hatte und daher sehr wohl verstehen konnte was der Ami wollte, hielt sich aber zu der unverstandenen Frage bedeckt. Der US-Soldat wollte nämlich wissen, wie weit es noch bis zum Gewehrversteck sei. Als die Beamten endlich den Sinn der Frage verstanden hatten, fragten sie Fritz, wie weit es noch bis zum Versteck sei. Dieser war auf die Frage vorbereitet und gab zur Antwort:

„Nur noch ein paar Schritte in den Steinbruch hinein, bis zur hinteren Felswand, dort in einer Felsspalte ist das Gewehr versteckt!"

Das Anlegen eines Steinbruches geschah in früherer Zeit, in dem man an einem felsigen Bergabhang waagrecht gegen den Berg mit dem Abtragen der Steinmaterialien begann. War das gewonnene Gestein von guter Qualität, trieb man den Bruch immer tiefer auf waagrechtem Niveau in den Berg, dabei entstand im Abbaubereich des Bruches eine senkrechte Felsenwand. Je tiefer man den Abbau in den Berg vortrieb desto höher und steiler wurde die Felswand. Man konnte jetzt schon vom stehenden Jeep aus die hintere hochaufragende Felsenwand durch das Gestrüpp sehen. Links und rechts stiegen die Felswände nur langsam gegen die hintere Wand des Steinbruches an. In die Richtung der hohen Wand deutete Fritz, dort sollte also das Gewehrversteck sein.

Mittlerweile waren alle Passagiere ausgestiegen und Fritz war zum Zerreißen gespannt, wie sich der US-Soldat verhalten würde. Bleibt er am Auto zurück oder geht er mit zum vorderen Steinbruchende? Sicher glaubte der Soldat in dem engen Steinbruchkessel sei sowieso eine Flucht unmöglich und entschied sich zur Genugtuung von Fritz bei seinem Fahrzeug zu bleiben, um es zu bewachen.

Im Gänsemarsch, ein Polizist vorweg, Fritz in der Mitte und der etwas beleibte ältere Beamte hinterher, ging es auf einem vom Wild getretenen schmalen Pfad in das Innere des Steinbruches.

Der US-Soldat war zurückgeblieben, jetzt galt es noch, die beiden Beamten zu übertölpeln. Zwar war Fritz körperlich nicht der Schwächste, aber mit zwei ausgebildeten Polizisten wollte er es doch nicht aufnehmen. Hier musste eine List helfen.
Bei seinen früheren Streifzügen durch die Wälder war Fritz schon einmal durch den alten Steinbruch gekommen. Jetzt erinnerte er sich daran, dass er damals an der Felsspalte am rechten Steinbruchende nach oben geklettert war. Diese Kletterpartie war zwar mit einem gewissen Absturzrisiko verbunden, aber er hatte es damals geschafft und warum sollte es heute nicht auch funktionieren. Sein Plan war klar, dort an der aufragenden Felswand war seine einzige Fluchtchance.
Gebückt, manchmal sogar auf Händen kriechend, war man fast an der Steinbruchwand angekommen. Der vorneweg gehende Beamte fragte schon, wo denn nun das Versteck sei. Fritz deutete nach oben mit der Bemerkung:
„Dort oben in der Steinwand, hinter dem vorspringenden Felsen!"
Natürlich war dies nur eine Finte und hinter dem Felsen war nicht das Gewehrversteck. Nun geschah, was Fritz insgeheim erhofft hatte. Die Polizeibeamten konnten nicht einfach ihren Gefangenen nach oben schicken, um die Waffe zu holen. Ein Strafgefangener im Besitz einer Feuerwaffe, das konnten sie nicht riskieren. Der jüngere, etwas stärkere der beiden Beamten zog seinen Uniformrock aus, legte die Schirmmütze zur Seite und machte sich zum Hochklettern fertig. Der zu ersteigende vorstehende Felsen war nur etwa drei bis vier Meter über Bodenhöhe. Der zweite Beamte nahm sicherheitshalber den Arm von Fritz und hielt ihn krampfhaft fest.
Das Ersteigen einer fast senkrechten Felsenwand ist für einen geübten Kletterer nicht einfach. Für den Polizeibeamten war das ein noch schwierigeres Unterfangen. Langsam und unendlich vorsichtig stieg er von Felsvorsprung zu Felsvorsprung immer näher an das angebliche Gewehrversteck heran. Dazu kam ihm zunutze, dass in einigen Felsritzen Pflanzen wurzelten, an denen er sich hochziehen konnte. Als er nun den Felsvorsprung erreicht hatte und der zweite unten gebliebene Beamte erwartungsvoll nach oben schaute, erkannte Fritz seine Chance.
Mit einer blitzartigen Drehung und gleichzeitigem Hochreißen des festgehaltenen Armes schüttelte Fritz den neben ihm stehenden Polizisten ab. Dabei gab er ihm noch einen kräftigen Stoß, dass dieser nach rückwärts ins Straucheln geriet. Fritz rannte sofort, nachdem er sich befreit hatte, los. In die Richtung, aus der sie hierher gekommen waren, war eine Flucht nicht möglich, dort am Steinbruchausgang wartete der bewaffnete US-Soldat und hinter ihm war der geprellte Gendarm. Eigentlich saß er in der Falle. Der einzig mögliche Fluchtweg war die Felsspalte in der hinteren Steinwand die er schon einmal zu friedlicheren Zeiten erklommen hatte. In diese Richtung setzte er seine Flucht fort. Hier, neben dem vom Wild getretenen Pfad, war das Laufen erheblich schwieriger. Dornenbüsche und fast undurchdringliches Gestrüpp machten die Flucht zur Strapaze. Dornen und querwachsendes Unterholz schnitten in Hände und Gesicht und zerrten an der Kleidung. Für Fritz gab es keine andere Möglichkeit, er musste da durch, zumal der geprellte Polizist sich wieder aufgerappelt hatte und schreiend hinter ihm herlief. Endlich war die Steinwand mit der zerklüfteten Spalte erreicht. Nun begann der schwierigere Teil der Flucht. Behände hangelte er sich so schnell es möglich war von gewachsener Steighilfe zu Steighilfe. Dabei nutze er jede vorstehende Felsnase um nach oben zu kommen. Er hatte schon fast den oberen Rand des steilen Abgrundes erreicht, als das lose Gestein unter seinen Füßen nachgab und er wieder den Abhang hinunter zu rutschen drohte.

Gefangenschaft und Flucht

Der zweite Polizist war auch an der Steilwand angekommen und arbeitete sich ebenfalls noch oben. Für einen Moment musste Fritz befürchten, geradewegs in dessen Arme zu fallen. Doch in letzter Sekunde gelang es ihm, sich an einer Baumwurzel festzuhalten und das weiter nach unten Rutschen zu verhindern. Mit eins, zwei Klimmzügen arbeitete er sich wieder nach oben bis zum Rand des Abhanges empor und schwang sich nun vollends darüber. Als er festen Boden unter den Füßen hatte, schaute er kurz nach seinem Verfolger. Der etwas ältere der beiden Polizeibeamten, der im Begriff war ihn zu verfolgen, würde sicher noch einige Zeit benötigen, bis auch er die Steilwand erklommen haben würde. Trotzdem setzte Fritz seine Flucht unvermittelt fort, er konnte nicht wissen, ob nicht schon der bewaffnete US-Militärsoldat unterwegs war, um den geprellten Gendarmen zu Hilfe zu eilen. Es war also angebracht, möglichst schnell aus der Reichweite der Schusswaffe zu verschwinden.

Der Wald war gewissermaßen die zweite Heimat von Fritz, hier kannte er sich bestens aus. Er setzte im Laufschritt unermüdlich seine Flucht fort, immer quer durch die Wälder über die nahe Bergkuppe bis ins übernächste Tal. Tunlichst vermied er es, auf einem Waldweg zu laufen. Man konnte nicht wissen, ob die Verfolger mit dem Jeep nicht schon hinter ihm her waren. Am mit Wassererlen bestandenen Seitentälchen machte er zum erstenmal eine kurze Rast, um zu verschnaufen. Von dem schreienden und fluchenden Polizeiverfolger war nichts mehr zu hören, auch keine Motorengeräusche drangen an sein Ohr. Mit dem frischen Quellwasser des Baches löschte er seinen Durst und ordnete einigermaßen die zerzauste Kleidung. Ganz sicher konnte er sich so in der Nähe des Steinbruches noch nicht sein. Also setzte er die Flucht, jetzt jedoch gemächlicheren Schrittes, fort. Als er mehrere Kilometer vom Fluchtsteinbruch entfernt war und dabei mehrere Waldstücke durchquert hatte, konnte er ziemlich sicher sein, dass ihm seine Verfolger nicht bis hierher folgen würden, zumal das Waldgebiet weitab von der nächsten menschlichen Siedlung lag. Er schlüpfte in eine aus Fichten bestehende Jungholzschonung. Das Eindringen in das dichte Unterholz bereitete einige Mühe, aber dafür konnte er sich darin ziemlich sicher fühlen.

Inmitten des jungen Fichtenschlages auf einer kleinen Lichtung ließ sich Fritz auf den Boden fallen, um sich keuchend und nach Atem ringend von den Fluchtstrapazen zu erholen. Dabei hatte er nun Zeit, über sein Schicksal nachzudenken. Früher war er der ungekrönte König der Wälder, er bestimmte wann, wo und was gejagt wurde, ab heute war er derjenige, der gejagt wurde. Lange hing er solchen schwermütigen Gedanken nicht nach, vielmehr überkam ihn eine wonnige Zufriedenheit. Er rief nochmals die letzten Stunden in seine Erinnerung zurück. Wie hatte er doch dem verlängerten Arm der Gerichtsbarkeit ein Schnippchen geschlagen! Die Freiheit war wieder gewonnen und nichts auf der Welt schätzte Fritz mehr als das freie, ungezwungene Leben. Besonders nach den tristen Tagen in der dunklen Zelle des unfreundlichen Gefängniswärters war die frische Luft der Wälder eine wahre Seelenlabsal. Nur spärlich konnte er aus seiner momentanen Lage das Himmelblau über sich erkennen, trotzdem war es beträchtlich mehr, als das wenig Himmel, das er aus dem Zellenfenster zu sehen bekam.

Die Tatsache, endlich wieder frei zu sein, erfüllte Fritz mit eitler Freude. Sie ließ ihn selbst den harten Waldboden vergessen, auf dem er im Augenblick ruhte. Über seine Zukunft machte er sich keine Gedanken. Er war von sich überzeugt in jeder Lebenslage den möglichst besten Ausweg zu finden. Mit solchen Gedanken schlief Fritz friedlich ein, gut getarnt und behütet von der Einsamkeit des dichten Waldes.

Gefangenschaft und Flucht

Die Flucht des jungen Mitbürgers aus der Gewalt der Justiz brachte erhebliche Aufregung in die kleine Heimatgemeinde. Der überwiegende Teil der Bevölkerung gönnte im geheimen der Justizbehörde die Blamage, aber weiter denkende Bürger machten sich auch berechtigte Sorgen, um den nun zum Freiwild gewordenen Mitbürger. Die amerikanische Militärbehörde war am unerbittlichsten. Immer wieder wurden die beteiligten Beamten verhört. Sogar ein Lokaltermin an der Fluchtstelle im Steinbruch wurde angesetzt. Obwohl die Polizisten und der bewaffnete US-Soldat der Vernachlässigung ihrer Dienstaufsichtspflicht beschuldigt wurden, konnten auch sie die Flucht des jungen Burschen nicht mehr rückgängig machen.

Anmerkung des Verfassers:
Die Geschichte der Flucht, wie sie oben beschrieben wurde, folgt bis auf wenige Details den offiziellen Aussagen, welche die beteiligten Polizeibeamten bei der Nachuntersuchung durch die Behörde gemacht haben.
Aus heutiger Sicht bleiben einige Zweifel an der Fluchtdarstellung, so wie sie von den Beamten gemacht wurde. Wie kann es sein, dass ein halbwüchsiger Bursche von einer bewaffneten Militärperson und zwei im Dienst stehenden Gendarmen nicht an der Flucht gehindert werden konnte, zumal mit Fluchtgefahr zu rechnen war.

Die Phantasie darf blühen!
Der damalige Oberamtsrichter des Justizbereiches Überwald war ein Sohn der Gemeinde und in der Beurteilung von Straftaten seiner Mitbürger äußerst bürgernah, um nicht zu sagen sehr milde.
Der praktizierende Tierarzt und Vater von Fritz war ebenfalls eine hochgeschätzte Persönlichkeit im Dorf.
Es ist nur natürlich, dass beide Akademiker in einem so kleinen Ort gute Freunde waren, die sich zudem oft zum gemeinsamen Schachspiel trafen. Obwohl solche Gedanken zumal nach so langer Zeit nur spekulativ sein können, kann man sich des Eindruckes nicht erwehren, dass die spektakuläre Flucht von Fritz eigentlich nur durch wohlwollende Duldung des verantwortlichen Umfeldes einschließlich der zwei Polizeibeamten gelingen konnte??

Die hintere Steilwand im aufgelassenen Sandsteinbruch. An einer solchen Felsenwand konnte die Flucht von Fritz gelingen.

Verfolgung

Auf dem Ruheplatz im dichten Unterholz hatte Fritz schlafend den Rest des Tages und die darauf folgende Nacht verbracht. In der Morgendämmerung des neuen Tages machten sich erstmals Hunger und Durst bemerkbar. Der Durst konnte am klaren Quellbach gestillt werden, aber der Magen knurrte verdächtig. Es gab keine andere Möglichkeit, Fritz musste sich in Richtung Heimat orientieren. Vorsichtig die Waldwege meidend, schlich er der Heimatgemeinde entgegen. Als er am Waldrand oberhalb des Dorfes angekommen war, setzte er sich auf einen Baumstumpf. Von hier oben konnte man ungesehen das Ortsgeschehen gut überblicken.
Was war das! Im Ort wimmelte es von amerikanischen Soldaten. So viele Amerikaner schon am frühen Morgen, das konnte nichts Gutes bedeuten. Einige Militärfahrzeuge standen hintereinander auf der Hauptstraße. Die meisten Soldaten sammelten sich gerade auf dem Schulhof und einer, wohl ein Offizier, hielt eine Ansprache. Fritz konnte aus der großen Entfernung natürlich nicht verstehen was da gesprochen wurde. Nun war die Information beendet und die Versammlung löste sich auf. Eigenartigerweise teilten sich die Mannschaften gleichmäßig nach allen Himmelsrichtungen auf und strebten den umliegenden Wäldern zu. In einigen Abständen folgten die US-Fahrzeuge den Fußmannschaften. In vorderster Reihe liefen Personen in Zivilkleidung, wohl angeworbene deutsche Bürger. Sie führten Schäferhunde an langen Leinen mit. Damit war Fritz klar, diese groß angelegte Suchaktion galt ihm.
Unverzüglich marschierte Fritz wieder Waldeinwerts. Besonders zu beeilen brauchte er sich nicht, denn die Suchtrupps kamen nur langsam voran. Aber als stete Mahnung klangen ihm das heißere Hundegebell und die Kommandos der verfolgenden Soldaten in den Ohren.
Tiefer und tiefer war Fritz in den Wald hineingelaufen. Längst war von dem Hundegebell nichts mehr zu hören, aber er wusste, so leicht würden die Verfolger nicht aufgeben. Schon längst war er an dem Jungfichtenschlag vorbeigekommen in dem er die letzte Nacht verbracht hatte. Jeder Wald, sei er auch noch so groß, geht irgendeinmal zu Ende. Fritz wusste, wenn er weiter lief, musste er unweigerlich in die Wohngebiete der Nachbargemeinden komme. Hier bestand die Gefahr, dass man ihn sah und ihn dann an die Verfolger verraten würde. Es musste also ein hundesicheres Versteck gefunden werden. Gerade befand er sich in einem Waldstück, das mit dicken großen Fichten bestanden war. Er suchte eine besonders hohe mit reichlich Astwerk bewachsene Fichte aus, von der man von unten nicht die Baumkrone sehen konnte. Mit etwas Mühe bestieg er diesen großen Baum und setzte sich in der Wipfelregion auf eine Astgabel. Weiter konnte er jetzt nichts mehr für seine Sicherheit tun, er musste auf die Dinge warten, die da womöglich kommen würden.
Nun ist das Sitzen für einen Menschen auf einem Ast für kurze Zeit leicht möglich, aber auf die Dauer bereitete Fritz die Sitzstellung erhebliches Ungemach. Aber schon bald war das beschwerliche Baumsitzen vergessen. Aus der Ferne war Hundegebell zu hören, das unendlich langsam näher kam. Aus Angst gesehen zu werden, stieg Fritz noch einige Äste höher, bis ihn verdächtiges Schwanken der Baumkrone an einer Weitersteigung hinderte.
Jetzt waren seine Verfolger näher gekommen und man konnte schon die Kommandorufe hören. Die Hunde wurden in breiter Reihe durch das Waldgebiet geführt und

manchmal konnte Fritz für einen kurzen Moment die Verfolger durch die Äste der Fichte am Waldboden sehen. Jetzt war der kritische Moment gekommen, würden die Hunde seine Spur aufnehmen und ihn damit verraten?
Der Fichtenstand mit den hohen Bäumen auf denen sich Fritz versteckt hatte, war am Waldboden recht übersichtlich. Wohl deshalb durchsuchten die Verfolger das Waldstück im unteren Baumbereich nicht sehr gründlich. Sicher dachten sie hier gäbe es keine Versteckmöglichkeiten. Der Suchtrupp zog vorbei und das Hundegebell verklang in der Ferne. Damit löste sich bei Fritz die innere Anspannung und er stieg vom Baum, um die steif gewordenen Glieder zu bewegen. Für die nächsten Stunden wagte er es noch nicht, das Waldstück mit den hohen Bäumen zu verlassen, denn die Verfolger konnten jederzeit zurück kommen.
Als es Abend wurde, war nicht mehr mit der Rückkehr des Suchkommandos zu rechnen. Jetzt hatte Fritz aber richtig Hunger bekommen, immerhin hatte er einen Tag und eine Nacht nichts mehr gegessen. Er machte sich auf, um etwas Nahrhaftes zu finden. Fritz wusste, dass an bestimmten Waldlichtungen Himbeeren und Brombeeren wuchsen. Da jetzt die Zeit der Beerenreife war, suchte er das Gebiet auf und ließ sich die Früchte schmecken. Auch war ihm bekannt, dass man die Pfifferlinge als einzige Pilzart roh genießen konnte. Mit solcher Naturkost war vorerst der größte Hunger gestillt und da es mittlerweile zu Dämmern begann, kroch Fritz zur Nachtruhe wieder in die dicht bewachsene Jungfichtenschonung, in der er schon die letzte Nacht verbracht hatte.
Trotz der Aufregungen und Anstrengungen der letzten Zeit konnte Fritz in dieser Nacht nicht richtig schlafen. Es regnete zwar nicht direkt, aber die Abendkühle mit der feuchten Luft waren doch recht unbequem. So beschloss er, am nächsten Tag eine Waldhütte über seinem Schlafplatz in der Dickung zu bauen. Eine solche Pionierarbeit ist ohne entsprechende Hilfswerkzeuge wie Beil, Hammer, Säge, Messer und Nägel nicht einfach. Er suchte sich etwa 3 Meter lange Stangen von abgestorbenen Bäumen und steckte sie kreisförmig in den Boden mit den Spitzen oben gegeneinander. Die Stangenspitzen wurden oben mit Schilfgras zusammengebunden. So entstand ein rundes, nach oben spitz zu laufendes Zelt aus Holzstangen. Nun sammelte er noch weiteres Schilfgras, Ginster, Moos und Farne von der naheliegenden Waldlichtung. Mit diesen Materialien wurden die Stäbe miteinander verflochten und so dicht ausgekleidet, dass die entstandene Hütte einigermaßen Schutz vor Wind und Wetter bot.
Aufgebaut hatte Fritz die Hütte in der bekannten Jungfichtenschonung allerdings ziemlich unten an der Talsohle, dort wo in der Nähe der Bergbach vorbeifloss. Damit hatte er es nicht all zu weit zum Wasser, wenn er trinken oder sich waschen wollte. Als Bereicherung seines Speisezettels fand er auf der Waldwiese Wiesensauerampfer und junge Schilfgrastriebe. Auf diese Nahrungsquelle war er gestoßen, als er beim Sammeln des Baumaterials für seine Hütte viel Schilf aus dem Boden gezogen und dabei festgestellt hatte, dass der gelbe Jungtrieb der Pflanze, der kurz über dem nassen Wiesengrund wuchs, recht appetitlich aussah. Fritz kostete davon und siehe da, es schmeckte ausgezeichnet.
Die letzten drei Tage waren beim Bau der Waldhütte sehr rasch vergangen. Ab und zu hörte er aus der Ferne Motorengeräusche. Offenbar suchten sie ihn auf Streifenfahrten mit Motorfahrzeugen immer noch. Fritz hatte sich ganz gut an das Einsiedlerleben mit dem Schlafen auf dem mit Reisig und Moos bedeckten Hüttenboden gewöhnt, bis es eines nachts anfing zu regnen. Nun zeigte es sich, dass die selbstgebaute Hütte gegen

einen Landregen nicht genug Schutz bieten konnte. Ständig rieselte das Regenwasser durch die geflochtenen Hüttenwände, und was Fritz auch unternahm, es war vergebens. In kürzester Zeit war er gänzlich durchnässt. Frierend saß er in der Hütte und erwartete sehnlichst den anbrechenden Tag. Gegen Morgen hörte der Regen auf und die Sonne kam durch. Das gab Fritz die Möglichkeit, die nassen Kleider zu trocknen. Eine solche Nacht wollte er nicht noch einmal durchmachen, deshalb beschloss er, ins Dorf zurückzukehren. Am hellen Tag machte er sich auf in Richtung Heimat. Oben vom Waldrand aus, von wo er auch das erste Mal das Ortsgeschehen beobachtet hatte, schaute er ins Dorf. Aber es fuhren immer noch US-Fahrzeuge durch den Ort. An eine Rückkehr ins Dorf konnte unter diesen Voraussetzungen nicht gedacht werden. Sicher führten die Polizei und die US-Behörden Kontrollen im Elternhaus durch.

Als Alternative blieb eigentlich nur der Steckelbauer. Natürlich, er musste ihm in der jetzigen Situation helfen. In großem Bogen umging Fritz das Dorf und suchte das Steckelbaueranwesen auf. Vom Waldrand aus sah er den Steckelbauer im Hof bei seiner Arbeit. Er wartete noch eine Weile, ob auch sonst niemand Fremdes in der Nähe war und ging von hinten auf die Hofreite zu. Er öffnete die Hintertür der Scheune und ging durch den Stall in den Hof. Im Schatten des Stallgebäudes blieb er stehen und machte sich durch Zuruf bemerkbar. Der Bauer hielt in seiner Arbeit inne und sah zu Fritz herüber. Beim Anblick des jungen Mannes erschrak der Steckelbauer.

„Ich bin's Bauer, der Fritz!",

rief ihm der junge Mann zu. Erst jetzt schien der Bauer den Fremden erkannt zu haben, denn er kam auf ihn zugelaufen nahm ihn bei der Hand und führte ihn schnell ins Wohnhaus.

„Mensch, Junge wie siehst denn du aus?"

begann der Bauer seine Rede und schob Fritz vor einen Spiegel. Kein Wunder, dass ihn der Steckelbauer nicht gleich erkannt hatte, wie sah er doch aus! Fast zehn Tage schlecht gewaschen und unrasiert, verdreckt und etwas abgemagert. In diesem Zustand machte er wirklich keinen vertrauenerweckenden Eindruck. Im Bauernhaus hatte Fritz die Möglichkeit sich zu waschen, zu rasieren und seine Kleidung zu ordnen und sich so in einen zivilisierten Menschen zurück zu verwandeln. Inzwischen hatte der Steckel eine herzhafte Bauernmahlzeit hergerichtet und Fritz aß mit einem wahren Heißhunger, als müsste er das in den letzten Tagen Entbehrte auf einmal nachholen.

Als Fritz gegessen hatte, kam man ins Gespräch. Dabei fragte der junge Mann den alten Bauern, ob er nicht die nächste Zeit bei ihm wenigstens schlafen könne. Der Bauer schüttelte den Kopf und erzählte, dass die Militärpolizei in den letzten Tagen wiederholt auch bei ihm Haussuchungen durchgeführt hätte. Vermutlich waren die Vorgänge auf dem Steckelhof im Dorf bekannt geworden und deshalb stand gerade sein Hof unter besonderer Beobachtung. Da sich der Bauer mitverantwortlich an der jetzigen Lage des jungen Mannes fühlte, gewährte er ihm, trotz aller Gefahren, die folgenden Nächte bei ihm in einem Bett zu verbringen. Diese Tage genoss Fritz sehr, geregeltes Essen und ein richtiges Bett hatte er erst so richtig bei seinem unfreiwilligen Waldaufenthalt schätzen gelernt.

Die geruhsamen Tage in der Geborgenheit des Steckelshofes gingen schnell vorbei. Oft schon hatte der Bauer Fritz angemahnt, sich eine sicherere Bleibe zu suchen. Er packte für seinen jungen Freund noch einige nützliche Utensilien, wie Wolldecken, Klappmesser, Seife, Rasierzeug, Salz, Streichhölzer, Nägel, Handbeil, Kochtopf, Brot und

Schinken in einem Rucksack zusammen und verabschiedete Fritz mit allen guten Wünschen. Natürlich könne Fritz, sollte er in Not geraden, immer wieder für kurze Zeit zum Steckelhof zurückkommen.

Mit diesen Kostbarkeiten beladen, kehrte Fritz zu seiner Waldhütte zurück. Für das leibliche Wohl war für die nächsten Tage gesorgt, aber die regenwasserdurchlässige Waldhütte machte ihm Sorge. Hier musste eine bessere Lösung gefunden werden.

Im Schutze der Nacht machte sich Fritz auf zum Dorf, um etwas Brauchbares zum Abdichten des Schutzhütte zu finden. Im unteren Ortsteil der Gemeinde hatte seit der Jahrhundertwende ein kartonagenverarbeitendes Unternehmen aus Hamburg mit der Pappen-Produktion begonnen. Unbrauchbare Kartonagen wurden außerhalb der Fabrikgebäude auf einer Sonderdeponie gelagert. Hier bediente sich Fritz und transportierte die Pressplatten zu seinem Waldversteck. Das Material eignete sich bestens zum wetterfesten Auskleiden der Hütte. Mit den Wolldecken und den anderen Gebrauchsgegenständen vom Steckelbauer wurde die Notunterkunft einigermaßen wohnlich eingerichtet.

Der mitgebrachte Proviant, Brot und Schinken, war bald aufgebraucht. Zwar hatte der Bauer versprochen, Esswaren könnte Fritz jederzeit nachbekommen, doch dieses Angebot wollte er nur im äußersten Notfall nutzen. Wie wäre es mit einem saftigen Wildbraten, ging es ihm durch den Sinn. Das war jederzeit möglich, da das Jagdgewehr mit Munition immer noch unter der umgestürzten Baumwurzel lag. Auch der Militärmantel mit dem die Waffe eingewickelt war konnte ihm in seiner momentanen Situation von großem Nutzen sein. Das Gewehr samt Mantel wanderte in der nächsten Nacht aus dem Wurzelversteck in die Schutzhütte. Als ersten Versuch wollte Fritz eine kleinere Jagdbeute erlegen. Wildhasen haben ihren Lebensraum außerhalb des Waldes auf der freien Feldflur. Wollte Fritz ein solches Wildbret jagen, musste er sich nach außerhalb des schützenden Waldes begeben. Im abgelegenen Ellenbachtal auf einer großen Wiesenfläche gelang es Fritz, einen stattlichen Feldhasen zu erlegen.

Oft hatte er getötetes Wildbret aufgebrochen, aber enthäuten und zum Braten fertigmachen bereitete doch erhebliche Schwierigkeiten. Aber auch das wurde mit einiger Mühe geschafft. Jetzt musste das Tier gebraten werden. Offenes Feuer konnte aber leicht das Versteck verraten. Also wurde in der Hütte mit Lesesteinen eine Feuerstelle errichtet, damit war das Licht des Feuers von außen nicht zu sehen.

Ebenso verräterisch war der aufsteigende Rauch des brennenden Feuers, also entschloss sich Fritz erst in der Nacht bei völliger Dunkelheit mit dem Braten des Hasen zu beginnen. Im nahen Waldbereich war das Auffinden von trockenem Holz als geeignetes Brennmaterial keine besondere Schwierigkeit. Der aufgebrochene und enthäutete Feldhase wurde mit einem geeigneten Holz aufgespießt und drehbar über der Feuerstelle aufgehängt. Das Braten selbst machte großen Spaß, konnte man doch das Garen richtig mitverfolgen. War auch die eine Hälfte etwas schwarz geraten, so ließ sich Fritz den mit Salz und Pfeffer gewürzten Hasenbraten trotzdem schmecken.

Jeden Morgen in aller Frühe ging Fritz zum Waschen an den nahen Bergbach. Zwar hatte er Kamm, Seife und Rasierzeug vom Bauern zu seiner Körperpflege erhalten, aber einen Spiegel hatte er vergessen. Um sich trotzdem rasieren zu können hatte sich der junge Mann eine bestimmte Stelle am Bach ausgesucht. Hier war das Bachbett etwas breiter ausgespült und das Wasser floss langsam und ruhiger. Deutlich konnte er beim Niederknien sein Spiegelbild im klaren Wasser erkennen. Zwar war das eigene Konterfei recht undeutlich und verschwommen, aber für das Leben im Walde war die unvollkommene Rasur und das unordentlich gekämmte Haar ausreichend.

Bei der allmorgendlichen Rasur hatte Fritz des Öfteren einen schwarzen Schatten durch das Wasser huschen sehen. Bald bemerkte er, dass sich im klaren Bergbach stattliche Forellen tummelten. Ein prächtiges Exemplar dieser Wasserbewohner schwamm gemächlich durch den Bach und schien sich an der Anwesenheit des Menschen nicht zu stören. Oft hatte es zu Hause bei Mutter Kraut gebratene Bachforelle gegeben und wie köstlich hatten solche Sonntagsbraten gemundet. Für Fritz war es beschlossene Sache, er würde auf Forellenjagd gehen, um in seinen Speiseplan etwas Abwechslung zu bringen.

Heute war die Morgentoilette schneller als gewöhnlich beendet. Ein Stück trockenes Brot kauend ging Fritz, vom Angelfieber gepackt, am Bachufer entlang und schaute dabei angestrengt ins Wasser. In den letzten Kriegsjahren und danach hatte sich niemand um die wilden Tiere in Wald und Feld gekümmert, so blieb auch die Bachfauna ohne Störung und die Fische konnten sich gut vermehren. Es war erstaunlich, welch stattliche Anzahl Forellen sich im Bach befanden. Dabei waren sicher nicht alle Fische zu sehen, die meisten kauerten unter Steinen und unter überhängenden Wurzeln am Bachufer. Fast an jeder Stelle des Baches, an der das Wasser etwas ruhiger lief, lag eine rotgepunktete Regenbogenforelle mit dem Kopf gegen die Strömung und lauerte auf ihr entgegen schwimmender Nahrung. Kam ein fressbares Kleintier wie Wurm, Käfer, Larve, Mücke oder ähnliches mit der Bachströmung auf sie zu, schoss sie wie der Blitz nach vorn und verspeiste die Beute. Mit leichten Ruderbewegungen ihrer Flossen ließ sie sich wieder zurücktreiben in die Lauerstellung. Manchmal konnte man auch beobachten, wie energisch die Forelle ihren Standplatz gegen zufällig vorbeikommende Artgenossen verteidigte. Mit Kopfstößen und Schwanzschlägen wurde der Eindringling unmissverständlich vertrieben.

Fritz war schon einige Mal den Bachlauf auf und ab gewandert und hatte dabei das interessante Fischleben studiert. Seine Augen hatten sich an das ständig strömende Wasser gewöhnt. Mit dem ersten Blick konnte er jetzt erkennen, ob der dunkle Punkt im Wasser ein Fisch oder ein anderer toter Gegenstand war. Ja er kannte sogar schon die an bestimmten Bachkrümmungen lauernden Forellen. Ein besonders stattliches Exemplar hatte es Fritz angetan. Es lag völlig ruhig, mit nur leichten Schwanzbewegungen die Kraft der Strömung ausgleichend, immer an der gleichen Stelle im Bach. Hatte der Fisch Beute gemacht, verschwand er für kurze Zeit unter einer ausgespülten Baumwurzel wohl zum Verzehr der Beute. Nun ist das Beobachten der wendigen Fische eine Sache und das Fangen derselben eine andere. Fritz kam auf das Naheliegende. Er suchte sich einen großen Stein von etwa einem halben Meter Durchmesser mit einem ansehnlichen Gewicht. Mit diesem kleinen Felsbrocken glaubte der Fischfänger, das ideale Fanggerät in Händen zu haben. Wohin wollte der Fisch auch ausweichen, wenn er den Stein auf ihn werfen würde. Eine ansehnliche Forelle war schnell als Ziel ausgemacht. Sie stand im seichten Wasser des träge dahinfließenden Baches. Fritz suchte sich am Bachrand einen günstigen Stand und hob langsam ohne hektische Bewegung den Stein über Kopfhöhe. Nach einem kurzen Zielen ließ er mit Schwung den kleinen Felsen auf den Fisch niedersausen. Der Stein klatschte auf das Wasser, dass es nach allen Seiten aufspritzte. Fürs erste wurde die Fischfangleidenschaft des jungen Mannes auf äußerst drastische Weise abgekühlt. Er war von Kopf bis Fuß vom aufspritzenden Bachwasser durchnässt. Er musste sich der nassen Kleider entledigen, um sie in der Sonne zu trocknen. Ohne Kleidung und ohne Strümpfe und Schuhe stieg er in den Bach, um unter dem Stein nach dem vermeintlich getroffenen Fisch zu schauen. Behutsam mit freudiger Erwartung drehte er den Wurfstein im Bach um. Aber zu seiner größten Enttäuschung war offenbar die Forelle dem todbringenden Wurfgeschoss entkommen. Keinesfalls entmutigt setzte er seine Bemühungen an anderen Stellen des Baches mit der gleichen Wurftechnik fort. Auch bei den nachfolgenden Versuchen war das Ergebnis ebenso negativ. Zwar spritzte das Wasser jedes Mal mächtig auf, aber kein einziger Fisch war dabei zu Schaden gekommen. Enttäuscht gab Fritz vorerst das Fischen auf.

Die Sonne stand zur Mittagszeit im Zenit und es war recht warm. So zog es der erfolglose Fischfänger vor, sich in den Schatten des nahen Fichtenwaldes zurückzuziehen. Er setzte sich auf den Waldboden und lehnte sich gegen einen Baum. Ohne besondere Absichten beobachtete Fritz seine nächste Umgebung. Dort zwischen dem Moos leuchteten ihm hellbraun die Kappen einiger Steinpilze entgegen. In kurzer Zeit war das Pilzgemüse geschnitten, geputzt und für den Kochtopf vorbereitet. Nach Einbruch der Dunkelheit war das Schmoren dieser Köstlichkeit schnell geschehen und mit dem schmackhaften Pilzgericht konnte der Hunger gestillt werden. Für die nächste Zeit war damit wieder eine Ergänzung des Speiseplanes gefunden. Aber die erfolglose Fischjagd konnte der junge Mann nicht so schnell vergessen.

Gebratene Bachforellen sind für jeden Feinschmecker zu normalen Zeiten eine Delikatesse. Wie gut würden sie auch heute schmecken. Fritz konnte diesen Gedanken nicht verdrängen, zumal das Wassergetier geradewegs vor seinen Augen umherschwamm. Es war klar, die bisher angewandte Methode war nicht geeignet, es musste aus Ermangelung einer Angel eine erfolgreichere Fangmöglichkeit gefunden werden. Zeit hatte Fritz genug, so schlenderte er immer wieder am Bachufer entlang. Dabei war er heute nicht sonderlich vorsichtig, er erschreckte sogar absichtlich die Fische im Wasser. Dabei fiel ihm auf, dass die in ihrer Ruhe gestörte Forelle immer wieder in einem bestimmten Unterschlupf Schutz suchte. Meistens war dies ein großer Stein, der im Wasser lag oder sie versteckte sich unter überhängendem Uferwurzelwerk, das der Bach im Laufe der Zeit ausgespült hatte. Mit einem Stock vertrieb Fritz das Wassertier immer wieder aus seinem Versteck. Sofort schoss der Fisch mit wenigen Schwanzflossenschlägen heraus und suchte schleunigst einen neuen Unterschlupf. Dies muntere Spiel wiederholte sich noch einige Male und immer wieder verkroch sich die in ihrer Ruhe gestörte Forelle in ihrem angestammten Versteck. Dieses sonderbare Verhalten der Fische erregte die Aufmerksamkeit des jungen Mannes. Er legte sich quer zum Bachufer auf den Bauch und schaute mit vorgerecktem Kopf unter eine überhängende Graswurzel unter der gerade eine Forelle untergetaucht war. Im klaren Wasser des Bergbaches waren deutlich die Umrisse des Fisches zu erkennen. Vorsichtig streckte er die eine Hand nach dem schwarzen Schatten aus. Unbeweglich blieb die Forelle in der eingenommenen Lage. Jetzt wurde es Fritz etwas unheimlich. Als er mit der Handfläche den kalten Fischkörper spürte schloss er ruckartig die Hand. Tatsächlich bekam er das Wassertier zu fassen, aber der feuchte Schuppenpanzer des Fisches ließ einen festen Griff nicht zu. Mit einem kräftigen Schlag der Schwanzflosse glitschte das Tier aus der Hand des Fängers.

Trotz des ersten Fehlversuches war Fritz zuversichtlich, immerhin war es ihm gelungen eine Möglichkeit zu finden, auf geräuschlose Art und ohne großen Aufwand einer schmackhaften Forelle habhaft zu werden. Der Jagdtrieb war geweckt und Fritz machte

sich sofort auf, ein neues Opfer zu finden. Beim Gang am Bachlauf entlang beobachtete er aufmerksam die weiteren Wasserbewohner. An der nächsten Bachkrümmung konnte er wieder eine stattliche Forelle im Wasser stehen sehen. Aufgeschreckt durch den Besucher verschwand sie, wie schon einmal beobachtet, unter einer Bodenerhebung am Bachufer. Fritz legte sich wieder auf den Bauch und beugte den Kopf über den Bach. Auch hier konnte er deutlich den Schatten des Fisches im Wasser erkennen. Jetzt tauchte er unendlich langsam beide Hände nach vorn in das Bachwasser und führte sie mit viel Geduld auf den Fischkörper zu. Die Finger weit auseinander gespreizt damit ihm tunlichst das lohnende Opfer nicht noch einmal aus den Händen gleiten würde. Mit den Fingerspitzen fühlte er schon den kalten Körper des Fisches. Nun war es soweit, mit angehaltenem Atem packte er mit beiden Händen gleichzeitig kräftig zu. Wieder spürte er den glitschigen Körper des Fisches, aber diesmal hielt er das zappelnde Opfer mit eisernem Griff mit beiden Händen fest. Mit einem Ruck zog Fritz die Arme samt der Beute aus dem Wasser und schleuderte die Forelle in weitem Bogen über das Ufer auf die Wiese. Endlich war es geschafft, stolz betrachtete der Fischer seine Beute die auf dem Trockenen zappelte. Mit einem faustgroßen Stein wurde das Tier kurz und schmerzlos getötet.
Die abendliche Zubereitung der Fischmahlzeit bereitete ohne Fett und Butter einige Probleme, aber in der Not geht es auch einmal ohne die normalen Kochhilfen.
Es hatte mit dem Fischfangen so gut geklappt, dass in den nächsten Tagen mehrmals wieder eine Fischmahlzeit auf dem Speisezettel stand.
Für die Ernährung war vorerst gesorgt. Mit Wildbret, Fisch, Pilzen und Waldbeeren konnte man schon leben, aber mit der Einsamkeit hier draußen im tiefsten Wald konnte sich Fritz auf Dauer nicht abfinden. Immer wieder zog es ihn zum Waldrand, von wo man den Heimatort gut überblicken konnte. Von da aus war zu sehen, dass immer noch vereinzelt Militärpolizei im Dorf patrouillierte. Eine Rückkehr ins Elternhaus war somit nicht möglich. Sicher würden sich die Eltern und besonders Elli große Sorgen über den Verbleib von Fritz machen. War er jetzt doch schon fast drei Wochen nach der Flucht verschwunden, ohne ein Lebenszeichen zu geben. Sein Entschluss stand fest, er wollte demnächst seine Angehörigen aufklären, dass sie sich um ihn keine Sorgen zu machen brauchten. Das war nicht einfach, das Elternhaus wurde sicher beobachtet, auch Elli war zu bekannt, als dass die Verantwortlichen nicht wussten, dass sie mit Fritz liiert war.
Um ein Lebenszeichen von sich zu geben, griff Fritz zu einer außergewöhnlichen Maßnahme. Er nahm ein Stück verkohltes Holz aus seiner Feuerstelle und ging bei Nacht zum Dorf. Nach dem Motto: „In der Höhle des Löwen ist es immer am ungefährlichsten", schlich er zum etwas abseits gelegenen Ortsgefängnis. Auf das Gefängnistor schrieb er mit der mitgebrachten Holzkohle in großen Buchstaben:
„Ihr Feiglinge, fangt mich doch, wenn ihr könnt! Fritz Kraut!"
Fritz erreichte was er mit der provozierenden Aufschrift wollte. Am Morgen bevor der Justizwachtmeister Peter Josef seinen offiziellen Dienst angetreten hatte, wurde von vorbeikommenden Mitbürgern die Aufschrift gelesen. In Windeseile verbreitete sich die Nachricht im Ort, bis sie letztlich auch der Familie Kraut zu Ohren kam. Damit wussten die Eltern und Elli, dass ihr Sohn am Leben war und, nach dem frechen Text zu urteilen, auch gesund und munter sein musste.
Auch Robi war in den Verdacht geraten mit Fritz illegale Geschäfte gemacht zu haben. Man hatte ihn wiederholt verhört, konnte ihm aber nichts Konkretes nachweisen.

Verfolgung

So war er in letzter Zeit recht unbehelligt seiner Arbeit als Autofahrer bei der US-Besatzungsmacht nachgegangen. Natürlich hatte auch er von der Nachricht seines Freundes Fritz gehört. Er machte sich Gedanken, wo sich wohl sein Freund versteckt halten könnte. Als erstes fiel ihm das Steckelsgehöft ein. Der alte Bauer wusste um die freundschaftliche Beziehung der beiden und gab Robi bereitwillig Auskunft. Er erzählte, dass Fritz ein paar Tage bei ihm zu Gast war und dass er mit dem Nötigsten versehen wieder zurück in den Wald gegangen sei. Damit war Robi klar, sein Freund musste irgendwo im Wald, außerhalb jeglicher menschlichen Ansiedlung, untergetaucht sein. Robi kannte die Gewohnheiten seines Kumpels und konnte sich denken, dass dieser, wenn schon im Wald, dann sicher in der dunkelsten und unzugänglichsten Stelle seine Notbehausung aufgeschlagen hatte. Also machte er sich auf, seinen Freund im Wald zu suchen. Er war schon den ganzen Tag unterwegs kreuz und quer durch die tiefsten Waldgebiete die er kannte, hatte aber immer noch keine Spur seines Freundes gefunden. Er hätte wohl nie sein Ziel erreicht, wenn er nicht seiner Frohnatur entsprechend, laut singend im Wald unterwegs gewesen wäre. So konnte Fritz den fröhlichen Sänger schon von Weitem aus seinem Versteck hören. Die Stimme war ihm bekannt und so ging er dem Sänger entgegen, belauschte ihn jedoch erst einmal, um völlig sicher zu sein, dass er alleine war und nicht von jemandem verfolgt wurde. Dann trat Fritz aus dem Gebüsch und gab sich Robi zu erkennen. Nun fielen sich die beiden Freunde in die Arme. Fritz nahm Robi mit in seine Waldhütte. Die Beiden hatten sich in dieser Nacht viel zu erzählen, natürlich wurde über den gelungenen Fluchtversuch von Fritz besonders herzlich gelacht.

Von nun an hatte Fritz alle Annehmlichkeiten, die es unter diesen Umständen geben konnte. Robi sorgte für alles, sogar ein amerikanisches Feldbett hatte er in den Wald gebracht. Der brennendste Wunsch von Fritz war aber ein Wiedersehen mit seiner Freundin Elli. Robi hatte natürlich diesen Wunsch schon voraus gesehen und deshalb mit Elli Kontakt aufgenommen. Von ihr konnte er erfahren, dass auch sie abwechselnd von Beamten in Zivilkleidung beschattet wurde. Man nahm wohl an, den Weg zu Fritz über die junge Frau zu finden. Früher oder später würde der Liebhaber bei ihr schon einmal auftauchen. Elli hatte herausgefunden, dass man sie am Morgen von 8 bis 12 Uhr, während der normalen Schulzeit, nicht beobachtet.

An einem der nächsten frühen Vormittage verließ zur normalen Schulzeit Elli ihre Wohnung wie gewöhnlich mit der Schulmappe unterm Arm. Nur hatte sie heute keine Schulbücher darin, sondern allerlei Leckereien und eine gute Flasche Wein. Sie ging durch das Hauptportal der Schule hinein, aber sofort wieder zum Hintereingang über den Schulhof hinaus. Raschen Schrittes strebte sie dem Heringwäldchen zu. Dort, im Gebüsch versteckt, wartete Fritz schon sehnlichst auf seine Angebetete. Auch konnte er von seinem über dem Dorf liegendem Versteck gut den Anmarsch des Mädels überwachen. Die Gefahr bestand nach wie vor, dass ihr unauffällig jemand folgen könnte. Als Elli im Wald angekommen war und ihren Freud erblickte, fiel sie ihm weinend um den Hals. Da hier so nah am Dorf mit anderen Waldbesuchern zu rechnen war, beeilten sich die Beiden, schleunigst tiefer in den Wald zu kommen. Gemessenen Schrittes ging es über den Lannertskopf, wo sie einmal das Naturschauspiel mit dem röhrenden Hirsch in glücklicheren Tagen erlebt hatten, immer tiefer in den Wald. Erst als sie in der von Fritz gebauten Waldhütte angekommen waren, war keine unmittelbare Gefahr mehr zu befürchten und Fritz war beruhigt.

Verfolgung

In den nächsten Tagen entstand eine ziemliche Aufregung im Ort, denn man hatte bemerkt, dass Elli verschwunden war. Zumindest die Bevölkerung machte sich keine allzu große Sorgen, denn man konnte sich schon denken, wo das Mädel geblieben war. Die verantwortlichen Justizbeamten mussten nun schon zum zweiten Mal den Spott der Mitbürger über sich ergehen lassen. Der einzige Mensch der wusste, wo sich Elli und Fritz aufhielten, war Robi, aber der würde die Freunde niemals verraten. Die Verhöhnung der Polizeibeamten erzürnte die Justiz derart, dass sie einige gezielte Walddurchsuchungen durchführten. Aber das Liebesnest der Gesuchten konnten sie nicht finden. Drei Tage nachdem Elli verschwunden war, tauchte sie des Morgens wieder wie gewöhnlich in der Schule beim Unterricht auf. Die unausweichlichen Verhöre der Sicherheitsbeamten konnten sie nicht bewegen, ihren Freund zu verraten. Sie gab zwar zu bei ihm gewesen zu sein, aber das Versteck würde sie niemals preisgeben. Was wollten die Justizbeamten tun, ein Zusammensein mit Fritz war nicht verboten und sie konnte unbehelligt nach Hause gehen.

Das Waldgebiet in dem Fritz einige Wochen als Einsiedler verbracht hatte, gehörte in den forstlichen Verantwortungsbereich des Försters Gippelkern. Es war der Forstmann der die jugendlichen Wilderer schon einmal persönlich gewarnt hatte. Dieser Forstmann war sehr naturverbunden und befand sich eigentlich immer in seinem Forstrevier. Es ist fast unmöglich, dass er die Aktivitäten des einsamen Waldbewohners in seinem Zuständigkeitsbereich nicht bemerkt haben sollte. Es gibt nur die eine Erklärung, dass er aus Sympathie den jungen Draufgänger nicht verraten hatte. Außerdem war er mit der Familie Kraut eng befreundet und war zu friedlicheren Zeiten oft mit dem Weidmann Vater Kraut zur Jagd gegangen.

Eigentlich hatte es Fritz recht gut in seiner einsamen Waldbehausung. Sie war nicht komfortabel, aber seine Freunde sorgten liebevoll für sein leibliches Wohl. Nur die Langeweile war es jetzt, die ihn quälte. Völlig frei konnte er sich am Tage nicht im Wald bewegen. Immer wieder durchkämmten motorisierte amerikanische Militärfahrzeuge mit bewaffneten Mannschaften den Wald. Diese Militärstreifen mit den schweren Motoren hatten für Fritz den Vorteil, dass man den Motorenlärm schon von weitem hören konnte. So blieb eigentlich immer noch Zeit, rechtzeitig im Unterholz zu verschwinden. Trotzdem waren diese unregelmäßigen Streifenfahrten im Wald für Fritz ein Dorn im Auge. Er beobachtete sie aus sicherer Entfernung und grübelte wie er die Streifen ärgern könnte. Da waren ja noch die übrigen Nägel vom Hüttenbau. In mühsamer Kleinarbeit verbog er die Metallstifte zu einer Art Dreifuß mit der Spitze nach oben. Es war ein leichtes diese Fallen an der richtigen Stelle zu platzieren, denn die Militärstreifen fuhren immer auf denselben Waldwegen. Es hatten sich sogar mit der Zeit richtige Wagenspuren im weichen Wegboden gebildet. In solche Spuren legte Fritz seine kunstvoll zur Autofalle gebogene Nägel. Der Erfolg war, im wahrsten Sinne des Wortes, durchschlagend. Zukünftig konnte kein luftbereiftes Fahrzeug eine Fahrt durch den Wald ohne Plattfuß beenden. Für die Amerikaner war dies besonders leidvoll, mussten sie doch lange Fußmärsche auf sich nehmen, um entsprechenden Ersatz zu beschaffen. Bald hatten die Amerikaner den Trick durchschaut. Nun benutzten sie zu ihren Streifenwagen nicht mehr die normalen Jeeps, sondern große geländegängige Militärlastwagen. Diese Fahrzeuge waren mit besonders starken Gummireifen ausgestattet, denen Nägel nichts anhaben konnten.

Jetzt war es Fritz wieder, der sich ärgerte. Also suchte er von Neuem nach einer Möglichkeit seinen Verfolgern einen Streich zu spielen.

Als Wegweiser dienten zu früheren Zeiten an Wegekreuzungen entweder Holztafeln oder große Quadersteine, auf denen jeweils die Wegebezeichnung und die Richtung angegeben waren. Die Holztafeln wurden einfach an einen Baum genagelt und zeigten mit der Spitze den richtigen Weg. Die Steinquader lagen mitten auf der Wegekreuzung und auf den vier Stirnflächen waren die Wegerichtungen eingemeißelt. Sowohl die Wegweisersteine als auch die Holztafeln verdrehte Fritz. Sie zeigten nun in die falsche Richtung. Dies war natürlich ein hartes Stück Arbeit für Fritz, aber er hatte ja sowieso nichts anderes zu tun. Streifenwagenfahrer, die sich im Wald auskannten, richteten sich nicht nach den Wegmarkierungen. Sie beachteten sie nicht einmal. Aber neue Fahrer mit wenig Ortskenntnis waren gezwungen, sich nach den Richtungsanzeigen zu orientieren. Sie verfuhren sich und irrten oft stundenlang in den Wäldern umher, bis sie zufällig eine menschliche Ansiedlung erreichten.

All diese Streiche wurden mit etwas Verspätung im Ort bekannt und von der Bevölkerung eifrig diskutiert. Die Streiche gefielen derart, dass die Sympathie für Fritz noch mehr anwuchs. Die Leute standen auf der Straße beisammen und redeten sich die Köpfe heiß. Viele Bürger empfanden die Verfolgung eines solch intelligenten Burschen als eine himmelschreiende Ungerechtigkeit und verlangten lautstark eine Amnestie. Auch Robi hielt sich in der Nähe der Diskussionsgruppen auf. Nur manchmal bei belanglosen Dingen gab er einen nichtssagenden Kommentar. Keiner sollte merken, dass er eigentlich mehr wusste. Er hörte sich vielmehr das Gerede an und merkte sich die Leute, die am vehementesten für die Verteidigung von Fritz eintraten. Das waren in der Regel junge Burschen, die meist aus einem Bauernhof oder aus einer wohlhabenden Familie stammten. Solche Leute, es waren nicht mehr als eine Hand voll, suchte Robi auf und berichtete ihnen von seinem Freund Fritz der alleine im Wald als Einsiedler leben müsse. Da jetzt bald die kalte Jahreszeit käme, müsse unbedingt etwas für Fritz getan werden. Alle ohne Ausnahme waren bereit, ihrem mittlerweile zum Helden gewordenen Mitbürger zu helfen. Geschickt arrangierte Robi eine Zusammenkunft aller freiwilligen Helfer, dabei sollte über entsprechende Hilfsmaßnahmen für Fritz gesprochen werden. Alle bestürmten Robi, er möge ihnen doch das Versteck von Fritz nennen, damit sie ihn persönlich besuchen könnten. Nur mit Mühe konnte Robi seinen Mitstreiter klar machen, dass solche Aktionen für die Sicherheit von Fritz schädlich sein könnten. Letztlich kam man überein, Fritz in einem normalen Wohnhaus unter der Aufsicht des Mitbesitzers unterzubringen. Robi war mit dem Gesprächsergebnis hoch zufrieden, wollte aber alles mit seinem Freund Fritz nochmals absprechen. Damit ging man auseinander.

Als Robi bei Fritz von der Hilfsbereitschaft seiner jungen Mitbürger berichtete, war dieser sehr gerührt. Er ließ sich die Namen aller Beteiligten nennen und akzeptierte die angedachte Vorgehensweise. Die Leute waren Fritz alle persönlich bekannt und er glaubte nicht, dass ein Verräter darunter sein könnte.

„Warum soll ich nur in einem Haus wohnen, wäre es nicht sinnvoller abwechselnd in verschiedenen Häusern unterzutauchen, das wäre sicher unauffälliger,"
ergänzte Fritz die Ausführungen des Freundes. Das war überhaupt die Lösung. Robi ging in den Ort zurück und informierte jeden einzelnen darüber, wie sich Fritz entschieden hatte. Alle waren mit dieser Lösung einverstanden. Es wurde ein genauer Zeitplan festgelegt und schon bald konnte Fritz sein einsames Waldversteck verlassen und bei Nacht in einem gemachten Bett schlafen. Die Waldhütte blieb mit ihrer Einrichtung für

alle Fälle erhalten. Das Gewehr mit der Munition kam wieder zurück in das alte Versteck unter der Baumwurzel.

In der nächsten Zeit verhielt sich Fritz außergewöhnlich ruhig und zurückhaltend. Er provozierte die Militärbehörde nicht mehr, so dass diese ihr erfolgloses Suchen in den Wäldern bald einstellte. Zwar fuhr ab und zu noch eine Militärstreife durch den Ort, aber von einer ernsthaften Suche nach dem Flüchtigen konnte keine Rede mehr sein. Somit war es Fritz möglich, sich im Schutze der Dunkelheit im Dorf frei zu bewegen. Nur vor den Ortsgendarmen musste er sich in acht nehmen. Da diese jedoch unbewaffnet waren, brauchte er vor ihnen weniger Angst zu haben, denn durch eine schnelle Flucht konnte er ihnen im Notfall entkommen.

Zu jener Zeit kam auch ich wieder mit meinem Freund Fritz zusammen. Es war zur Karnevalszeit. Am Samstag vor Fastnachtsonntag wurde traditionell im Ort ein großer Maskenball gefeiert. Die Menschen konnten sich, seit dem der Krieg vor drei Jahren zu Ende gegangen war, erstmals wieder richtig dem Vergnügen hingeben. Wir Jugendliche mit unseren 13 bis 14 Jahren durften noch nicht in den Tanzsaal, aber wir drückten uns an den Saaltüren und Fenstern herum, um etwas von dem ausgelassenen Treiben mitzubekommen. Wir sahen interessiert den Maskierten auf der Tanzdiele zu. Hierbei war uns schon wiederholt ein großer starker „Cowboy" und eine zierliche „Zigeunerin" beim Tanzen aufgefallen. Beide waren gut maskiert und man konnte sie aus unserer Entfernung nur schwer erkennen. Wir Jungen, die wir an dem fröhlichen Treiben nicht teilnehmen durften, machten uns einen Sport daraus, die Maskenträger trotz Verkleidung zu identifizieren. Da fast alle verkleideten Narren Bürger der Gemeinde waren, konnten wir viele an ihren Figenarten, wie ihrer Körperhaltung beim Gehen und an den Bewegungen erkennen. Bei manchen wollte uns dies nur schwer gelingen, dazu gehörte auch die Zigeunerin und der Cowboy. Einer von uns Jungen hatte die Idee und rief:

„Könnten das nicht Fritz und Elli sein?"

Von nun an ließen wir das traute Tanzpaar nicht mehr aus den Augen. Einige von uns wollten sich vergewissern und versuchten, auf die Tanzfläche in die Nähe der beiden zu kommen. Aber Jugendliche wollte man nicht im Tanzlokal und so wurden wir unsanft aus dem Saal gedrängt. Die Toilettenanlagen, die zum Tanzsaal gehörten, lagen außerhalb der eigentlichen Gaststätte. Wollte man, einem dringenden Bedürfnis folgend die Toilette benutzen, musste man zu Fuß über den Hof in die betreffende Örtlichkeit. So kam es, dass auch einmal der große Cowboy den Saal verließ, um das stille Örtchen aufzusuchen. Jetzt war unsere Zeit gekommen, wir umringten ihn und drängten ihn in eine weniger beleuchtete Ecke des Hofes ab. Auf unsere Bitte seine Maske abzunehmen reagierte er nur:

„Aber Jungs, Demaskierung ist doch erst um Mitternacht!"

Natürlich hatten wir ihn an seiner Stimme erkannt. Es waren also Fritz und Elli, die sich unerkannt für den Rest des Abends bis zur Demaskierung um Mitternacht hinter der Maske amüsierten.

Das ständige Verstecken konnte für Fritz keine befriedigende Lösung sein. Schon oft hatte er über seine Lage nachgedacht. Wenn das ganze Jahr über Karneval wäre, könnte er sich verkleidet ungeniert unter anderen Menschen bewegen. Da die Fastnachtszeit nun mal begrenzt ist, musste eine andere Lösung gefunden werden. Das mit dem Verkleiden war nicht schlecht. Aber wie und mit was? Da fielen ihm seine ärgsten Gegner, die Amerikaner ein.

Personenkraftwagen der US-Armee vom Typ JEEP, Baujahr 1942; heute im Besitz von Peter Steinmann aus Zotzenbach.

Der falsche Ami

Deutschland hatte den großen Weltkrieg verloren. Was im besetzten Land geschehen durfte und was nicht, bestimmten ausschließlich die Besatzungsmächte. Den Anweisungen eines amerikanischen Offiziers hatte man bedingslosen Gehorsam entgegen zu bringen. Oftmals hatte Fritz beobachten können, wie seine Landsleute voller Demut und Unterwürfigkeit die Amerikaner hofierten. Eine amerikanische Offiziersuniform wäre die Lösung seiner Probleme. Aber wie sollte man ein solches Kleidungsstück beschaffen?
Bei einer Zusammenkunft mit Robi brachte Fritz ganz beiläufig dieses Thema zur Sprache. Robi war noch immer bei den US-Streitkräften als Arbeitnehmer beschäftigt und Fritz hoffte dadurch in den Besitz einer US-Uniform zu kommen. Aber Robi, sonst zu aller Art von Abenteuer bereit, konnte Fritz zu diesem Vorhaben keine positiven Aussichten machen. Fritz gab sich mit der negativen Auskunft nicht zufrieden und man beschloss, am nächsten Tag gemeinsam in die Garnisonsstadt zu fahren, um zu erkunden, was möglich sei.
So oft wie früher bekam Robi den US-Jeep von seinem Vorgesetzten nicht mehr zu Privatfahrten. Doch gegen Ende der Woche kam er bei einer Dienstfahrt mit dem Offizier derart spät in die Kaserne zurück, dass eine Heimfahrt mit öffentlichem Verkehrsmittel nicht mehr möglich war. Robi konnte mit dem Dienstjeep nach Hause fahren. Am nächsten Morgen, als Robi wieder zu seiner Arbeitsstätte fuhr, saß neben ihm Fritz Kraut. Während der Fahrt musste Robi die Verhältnisse und Gegebenheiten in der Kaserne genau schildern, damit sich Fritz geistig auf die geplante Aktion vorbereiten konnte. Als sie am Kasernentor angekommen waren, grüßte Robi lässig und der Wachtposten öffnete die Schranken zur Einfahrt. Der Offiziersfahrer Robi war persönlich bekannt und es war nicht außergewöhnlich, dass er Privatpersonen in die Kaserne brachte. Diesmal stellte er den Jeep nicht wie gewöhnlich vor dem Verwaltungsgebäude ab, sondern fuhr weiter an den Reparaturwerkstätten vorbei bis zum hinteren großen Parkplatz für gewöhnliche Militärfahrzeuge. Dort stiegen beide aus und Fritz konnte sich umsehen. Es war selbst für ihn überraschend zu sehen, welch ungeheure Anzahl von motorisierten Militärfahrzeugen hier aufgereiht in Reih und Glied standen. Vom einfachsten Personenjeep bis zu den gepanzerten und mit Maschinengewehren bewaffneten Lastkraftwagen war alles vorhanden. Alle Fahrzeuge waren gut gepflegt und offenbar zum sofortigen Einsatz bereit. An verschiedenen Fahrzeugen arbeiteten deutsche Kraftfahrzeughandwerker, die ebenso wie Robi eine bezahlte Arbeit bei den US-Streitkräften gefunden hatten. So war es für die amerikanischen Wachmannschaften, die sich die Zeit mit Messerwerfen und anderen Spielen vertrieben, nicht weiter auffällig, dass heute ein Unbekannter mehr auf dem Kasernenhof anwesend war. Am Ende der Fahrzeugreihen waren die Treibstofflager. Zu Tausenden lagen die Treibstoffkanister aufgestapelt übereinander. Vereinzelt befanden sich hier auch größere Tanks, die auf Lastkraftwagen geladen werden konnten und im Notfall die mobile Treibstoffversorgung, z. B. für Panzer, zu besorgen hatten. Direkt anschließend war das eigentliche Marketenderlager der US-Armee. Dazu waren graue Wellblechbaracken aufgestellt, in denen das gebräuchliche Wehrmachtsgut gelagert wurde. Diese US-Materiallager waren das Ziel von Fritz und Robi. In einem günstigen Augenblick schlüpften beide in eine solche Baracke. Im Inneren waren sie vor kontrollierenden Blicken sicher. Dass sich eine Militärpatrouille hier her verlaufen

würde, war sehr unwahrscheinlich. So konnten sich die beiden Eindringlinge in aller Ruhe umschauen. Hier lagerten große Mengen Militärausrüstungsgegenstände für die normalen Armeeangehörigen. Aber man suchte eine Offiziersuniform. Da man in der einen Baracke nicht fündig wurde, musste man eine der nächsten, kleineren Lagerhallen aufsuchen. In reichem Maße und in allen Größen waren Offiziersuniformen hier gelagert. Fritz suchte eine passende Sergeantenkleidung aus. Robi, der wusste was alles zu einem perfekten Sergeanten gehörte, brachte Koppel, Schnürstiefel, Achselstücke usw. und Fritz probierte alles gleich an.

Das Beschaffen der Militärkleidung war geschafft, aber wie die gestohlenen Sachen aus der Kaserne bringen? Fritz war noch nie ein besonders ängstlicher Typ. Er wollte gleich an Ort und Stelle die Wirkung einer Offiziersuniform auf die Mitmenschen ausprobieren! Die mitgebrachten Privatkleider wurden zu einem Bündel zusammen gepackt und in eine Decke gerollt. Wie sie gekommen waren verließen beide wieder die Wellblechbaracke, jetzt jedoch der eine als Privatperson und der andere als US-Offizier. In einem Bogen entgegen der Richtung aus der sie gekommen waren, gingen beide an den Mannschaftsunterkünften vorbei zurück zum Verwaltungsgebäude, vor dem die fahrbereiten Jeeps der Offiziere standen. Fritz, über das reibungslose Gelingen der Kleiderbeschaffungsaktion übermütig geworden, gab Robi einen Stoß in die Seite und flüsterte ihm zu:

„Wir setzen uns in einen dieser Jeeps und fahren zum Kasernentor hinaus!"

Robi hatte zwar Bedenken konnte sie jedoch nicht mehr äußern, denn Fritz hatte schon in einem der Militärfahrzeuge Platz genommen. Robi setzte sich wie gewohnt als Herrschaftsfahrer ans Lenkrad und steuerte mit viel Herzklopfen dem Kasernentor entgegen. US-Mannschaften marschierten über den Kasernenhof, die hatten natürlich Vorfahrt. Wachhabende Militärpolizei patrouillierte entgegen. Geschickt steuerte Robi den Jeep möglichst unauffällig durch den Kasernentrubel. Am Tor ging es ebenso lebhaft zu. Kraftfahrzeuge fuhren herein und andere wieder hinaus, dazwischen US-Soldaten zu Fuß, die keinen Dienst hatten. Robi reihte sich in die ausfahrende Autoschlange ein und Fahrzeug für Fahrzeug, für den aufgeregten Fahrer viel zu langsam, ging es dem Ausgang entgegen. Ein Zurück konnte es jetzt nicht mehr geben. Fritz gab sich bewusst lässig, den rechten Fuß erhöht auf die Autotürborde gestellt, kam man endlich zum Wachposten. Robi murmelte irgendeine Parole, worauf der Wachmann vorschriftsmäßig salutierte. Der falsche Amerikaner auf dem Beifahrersitz salutierte betont lässig zurück und die Ausfahrt war frei.

Auf der öffentlichen Straße außerhalb der Kaserne trat der Fahrer kräftig auf das Gaspedal, um möglichst schnell Abstand zum Tatort zu erlangen. Nach kurzer Fahrt hielt Robi an und übergab Fritz das Fahrzeug. Er musste zu Fuß zurück zur Kaserne, um seinen Dienst wie an normalen Tagen abzuleisten.

In der Kaserne war mittlerweile der Autodiebstahl bemerkt worden. Natürlich vergewisserte sich die Militärpolizei als erstes bei der Torwachmannschaft nach dem vermissten Fahrzeug. Gerade während der Untersuchung kam Robi zu Fuß zurück. Dies war besonders verdächtig, da er wie sich der Wachmann sofort erinnerte, gerade eben als Fahrer mit einem Auto das US-Gelände verlassen hatte. Robi wurde verhaftet und abgeführt. Bei den anschließenden Verhören war jegliches Leugnen zwecklos. Die Beweise gegen ihn waren eindeutig. Um seine Lage durch Leugnen nicht noch weiter zu verschlimmern, legte Robi ein umfassendes Geständnis ab. Ja, er habe das Fahrzeug entwendet, habe es aber außerhalb einem Fremden übergeben, dessen Name er nicht kenne. Damit ließen es die Amerikaner vorerst bewenden und Robi kam zur Strafe in ein US-Militärgefängnis.

Für Fritz war das Fahren mit einem Militärjeep eine herrliche Sache, schon immer hatte er sich dieses Vergnügen gewünscht. In der Verkleidung als US-Offizier war er zudem vor einer deutschen Verkehrskontrolle absolut sicher. Er fuhr zielbewusst nach seinem Heimatdorf und dort einige Male in der Hauptstraße auf und ab, ohne dass man ihn besonders beachtete. Beim illegalen Erwerb des Fahrzeuges hatte er nicht bedacht, dass er das Fahrzeug nach Gebrauch irgendwo abstellen musste. In Gedanken an eine Lösung dieser Frage fuhr er zum Dorf hinaus auf der alten Landstraße, die einstmals vom kurmainzer Gebiet in das kurpfälzische Gebiet führte. Vor mehr als hundert Jahren war die neue Staatsstraße gebaut worden, die auf der kürzesten Strecke die Nachbargebiete miteinander verband. Damit wurde die alte Landstraße nur noch sporadisch als Wanderweg von den Sonntagskirchgängern benutzt.

Im Überwald haben sich im Laufe der Erdgeschichte verschiedene Mineralien gebildet, die schon im Mittelalter bis in dieses Jahrhundert bergmännisch abgebaut wurden. Die Erzhaltigkeit der Manganvorkommen war für einen modernen Abbau zu gering und man gab die Bergbautätigkeit um 1911 auf. Die Stollen und Schächte aus dieser Zeit wurden aufgegeben. Etwas Abseits der alten Landstraße, die Fritz mit dem Jeep befuhr, befanden sich noch solche aufgelassenen Gruben. Als er an dem alten Bergbaugebiet vorbeikam, hielt er an und erforschte die Gegend. Dazu musste er zu Fuß einige hundert Meter durch den Wald laufen, bis er zu einem Stollen kam. Zwar war der Eingang mit einem halbverwitterten Schild mit der Aufschrift

„Eintritt verboten, Einsturzgefahr!"

gesichert, aber an die Warnung hatte sich sowieso noch nie jemand gehalten. Fritz ging hinein und erforschte das Innere der ehemaligen Grube. Einst waren die brüchigen Wände und die Stollendecke in bergmännischer Art mit Holzbalken verzimmert. Im Laufe der Jahre war das Holz teilweise vermodert und damit sehr brüchig. Die nächste Aufgabe war es, den Stollen in Jeeplänge zu reinigen und das morsche Holz provisorisch abzustützen. Damit war ein prima Autoversteck gefunden. Der Stolleneingang war schon sehr stark mit Grünzeug verwachsen, dass nur noch an der mittleren Stelle mit dürren Ästen abgedeckt werden musste. Ein weiterer Vorteil bestand darin, dass das ehemalige Bergbaugebiet nicht allzu weit vom Ort entfernt gelegen war, so konnte Fritz mit einem bequemen Fußmarsch seine momentane Unterkunft erreichen.

Bisher konnte sich Fritz nur in der Dämmerung der Nacht frei bewegen. Damit man dies ändern konnte, hatte er sich die US-Uniform besorgt. Nur im Gesicht musste er noch unkenntlich werden. Bei dem ihm gut bekannten Ortsbarbier ließ er sich die Haare rotblond färben. Dazu wurde ein ebenso roter Schnurrbart angeklebt. Eine breite dunkle Sonnenbrille vervollkommnete die Verkleidung. Ein Spaziergang durch den Ort brachte ihm vollste Zufriedenheit, niemand hatte ihn erkannt. In den nächsten Tagen gehörte ein rotblonder US-Offizier entweder zu Fuß oder im fahrenden Militärjeep zum allgemeinen Ortsbild. Es lässt sich vermuten, dass man im Ort sehr wohl wusste, wer in der Uniform steckte, aber niemand wäre bereit gewesen, die wahre Identität des Maskierten zu verraten.

Mit der Anschaffung des Jeeps ergab sich für den Fahrer eine weitere Schwierigkeit, an die er anfangs nicht gedacht hatte. Zum Fahren eines Verbrennungsmotors braucht

man den entsprechenden Treibstoff. Durch das Kurzstreckenfahren war der vorhandene Dieselkraftstoff fast aufgebraucht. So wurde ein Nachtanken unumgänglich, dazu war jedoch Geld erforderlich. Und da seine Zahlungsmittel aufgebraucht waren, sah sich Fritz genötigt, sich solches zu beschaffen. In seiner momentanen Lage gab es nur eine Möglichkeit und die war das Erlegen von verkäuflichem Wildbret.
So geschah es, dass die wilde Jagd in den umliegenden Wäldern wieder von Neuem begann. Zum Weiterverkauf des erlegten Wildes hatte Fritz seinen alten „Freund Sieber" eingeschaltet. Noch wusste er nicht, dass es Sieber war, der ihn verraten hatte. Sieber selbst hatte ein schlechtes Gewissen und wagte es nicht, in irgend einer Form den jungen Draufgänger zu brüskieren. Doch mit dem Weiterverkauf der heißen Ware war er wesentlich vorsichtiger als früher. So liefen die „Geschäfte" leider nur sehr schleppend an.
Das Aufleben der illegalen Jagdtätigkeit in den Wäldern des Überwaldes blieb der Forst- und Justizbehörde nicht verborgen. Sie schalteten die amerikanische Besatzungsmacht ein und diese verschärften die Suchaktionen nach den Schuldigen. Jeder Bürger der sich außerhalb der Ortsgrenzen aufhielt, wurde durch strenge Passkontrollen überprüft. Hatte jemand seine Ausweispapiere nicht bereit, wurde er verhaftet und zur US-Kommandantur gebracht. Hier musste er mindestens eine Nacht verbringen, bis seine Identität festgestellt war. Trotz der verschärften Kontrollen trieb sich Fritz auch bei Tage im Wald herum. Solche Spaziergänge bei Tage nutzte er vordringlich zu örtlichen Informationen. Dass die US-Streifen immer die selben Hauptwege im Wald befuhren, war Fritz hinlänglich bekannt. Er brauchte also nur solche Fahrwege zu meiden, um ungesehen zu bleiben.
Es war im Frühsommer 1948, die Versorgung der hungernden Menschen im Lande mit Grundnahrungsmittel hatte sich gebessert. Luxusartikel und besondere Gaumenfreuden waren eine Seltenheit. Die Wälder im mittleren Odenwald boten seit Jahrhunderten einmal im Jahr eine Delikatesse, deren sich die Bürger schon immer bedienten.
Die Heidelbeerernte war angebrochen. Für Frau Kraut als gute Hausfrau war es eine Selbstverständlichkeit, dass sie sich den anderen örtlichen Hausfrauen anschloss, um mit zur Heidelbeerernte in die umliegenden Wälder zu gehen. Beim Abmarsch am frühen Morgen bestand die Beerensammelgruppe noch aus mehreren Frauen und einigen Kindern. Als man im Wald an den Heidelbeerfeldern angekommen war, trennten sich die Pflückerinnen, um sich nicht gegenseitig die besten Plätze streitig zu machen. Frau Kraut hatte ein besonders ergiebiges Plätzchen gefunden und war zum Pflücken niedergekniet, als auf dem nahen Waldweg ein US-Jeep vorfuhr und anhielt. Am Steuer saß ein junger Mann in amerikanischer Militäruniform. Er stieg aus seinem Fahrzeug aus und kam zu Fuß auf die Beerenpflückerin zu. Diese hatte sich aus ihrer knienden Stellung erhoben und putzte umständlich die Hände an der Schürze ab.
„Hääv jou a Pääss !"
Fragte der Ami mit barscher Stimme. Natürlich hatte Frau Kraut zum Beerensammeln im Wald ihren Pass nicht mitgenommen. Trotzdem nestelte sie verlegen in ihrer Schürzentasche herum. Es war ihr unangenehm, mitten im Wald von einem Fremden so bloßgestellt zu werden.
Fritz, denn niemand anderes war der uniformierte Mann, schaute ihr amüsiert zu. Er wollte seine Mutter nicht länger quälen und gab sich zu erkennen.

„Mutter hast selbst Du mich nicht erkannt, dann muss meine Verkleidung perfekt sein?"

Mit diesen Worten löste sich die Spannung bei der Frau und sie fiel weinend ihrem Sohn um den Hals. Die einzigen Worte, die sie mit tränenerstickter Stimme hervorbrachte waren:

„Oh Fritz, mein Sohn!"

Beide hatten sich für den Rest des Tages viel zu erzählen. So blieben die Sammelgefäße heute leer. Für Frau Kraut war das Ergebnis des Gespräches mit ihrem Sohn besonders erfreulich, hatte doch dieser versprochen, in naher Zukunft sein unstetes Leben radikal zu ändern. Spät am Abend, es begann schon zu Dämmern beendeten beide ihr Gespräch. Frau Kraut musste sich auf den Heimweg machen. Sicher würde sich der alte Herr Kraut über das Ausbleiben seiner Frau sorgen. Kurz entschlossen ließ Fritz seine Mutter in den Jeep einsteigen und fuhr sie nach Hause. Beide verabschiedeten sich herzlich von einander, für Frau Kraut war der Abschiedsschmerz heute erträglicher, hatte sie doch das Versprechen, dass ihr Sohn das anonyme, gefahrvolle Leben aufgeben wollte. Immer wenn Fritz mit einem seiner Lieben beisammen war, überkam ihn ein Anflug von Melancholie. Natürlich konnte es so nicht weitergehen, die Alternative war leider der Gang ins Gefängnis. Aber das Versprechen seiner Mutter gegenüber wollte er einhalten. Die Frage war nur wie?

Vater Kraut war noch nie mit den Streichen seines Sohnes einverstanden gewesen. Jetzt, da sein einziger Nachkomme vogelfrei von der Staatsmacht verfolgt wurde, litt der alte Herr sehr. Sein schon immer etwas mürrisches Gesicht bekam einen noch finstereren Ausdruck. Die grauen Haare waren in letzter Zeit noch um eine Nuance weißer geworden. Schweigend, fast bedächtig ging er auf der Dorfstraße seines Weges, schaute weder nach links noch nach rechts. Entbot ihm ein Mitbürger einen „Guten Tag", vergaß er in seiner Grübelei zu danken. Als Tierarzt war er gezwungen, mit seiner Bauernkundschaft zu reden. Alle diese Gespräche, und begannen sie auch noch so alltäglich, endeten unweigerlich mit den Fragen nach dem Sohn Fritz. Nur die wenigsten der neugierigen Fragen konnte der leidgeprüfte Vater beantworten, da er persönlich keinen Kontakt zu seinem Sohn hatte. Ja es war meistens so, dass die Gesprächspartner über die Taten des Sohnes besser Bescheid wussten, als er selbst. Eben diese Tatsache, dass sich der Vater von Fremden sagen lassen musste, wie es seinem Sohn erging, machten den Menschen Kraut noch verhärmter und menschenscheuer. Wiederholt fragte er sich, was er für seinen Sohn in dessen schwieriger Lage tun könne. Aber als Ergebnis solcher Überlegungen blieben Ratlosigkeit und Unfähigkeit.

Mit der Zeit wurde das ungesetzliche Jagen in den Wäldern für Fritz immer schwieriger. Langsam normalisierte sich das Leben nach dem zu Ende gegangenen Krieg. Die Förstereien nahmen ihre Arbeit wieder auf. Auch das Jagdwesen im Allgemeinen wurde der neuen Rechtsordnung angepasst. Die gesetzlichen Jäger und Forstbeamten durften nach wie vor noch keine Schusswaffen haben, aber sie kümmerten sich vermehrt um ihre ureigenste Aufgabe, die Jagd. Nicht nur im Überwald, aber besonders hier, war es durch das unkontrollierte Jagen von US-amerikanischen Besatzungsangehörigen, inkognito Fritz Kraut, zu Beschwerden der Jägerschaft gekommen.

Die Hessische Militärregierung Heppenheim sah sich genötigt, einen besonderen Erlass, gewissermaßen eine **„LEX Fritz Kraut"** im **Verordnungs- und Anzeigeblatt** des **Kreises Bergstraße** herauszugeben:

Sonstige Bekanntmachungen des Kreises Bergstraße
Niederwildjagden
An die Jagdpächter, Jagdführer und Forstbeamten des Jagdkreises

Nach einer Anordnung der Militärregierung Heppenheim sind ab 1. Oktober 1948 für die Angehörigen der Besatzung auch die Niederwildjagden führungspflichtig, d. h. die Jagd darf nur mit einer Lizenz der Militärregierung Heppenheim und in Begleitung eines Deutschen Jagdführers ausgeübt werden. Jagdpächter von Niederwildrevieren, die noch keinen Jagdführer-Ausweis besitzen, wollen diese sofort bei mir beantragen. Ich mache nochmals darauf aufmerksam, dass nur der Jäger mit Besatzungsangehörigen jagen darf, der auch im Besitz eines Sonder-Jagdscheines ist.

Der Kreisjagdmeister : S I E B O L D.

Ein solcher Erlas bedeutete eine Aufwertung der deutschen Forstbehörde. Fritz war durch die neuerlichen Kontrollen gezwungen, seinen Jagdbereich weiter auszudehnen. Dies war ihm nur mit seinem allradgetriebenen Fahrzeug problemlos möglich.

So kam er auch in das Nachbarrevier des Försters Paulus. Dieser war erst kürzlich aus Kriegsgefangenschaft zurück gekommen und hatte als neuer Revierförster die Försterei übernommen. Als ehrgeiziger Staatsbeamter war ihm bald aufgefallen, dass ein amerikanischer Offizier in seinem Revier unberechtigter Weise auf Wildfang mit einer Feuerwaffe ging. Dies meldete er seiner vorgesetzten Dienstbehörde und die verständigten ihrerseits die amerikanische Militärregierung. Darauf verstärkten die Amerikaner wieder ihre Suchaktionen. Die amerikanischen Behörden hatten gemerkt, dass sie mit ihrer Methode des Streifenfahrens in Feld, Wald und Flur nicht den erhofften Erfolg erzielen konnten. Sie änderten ihre Taktik. An allen wichtigen Straßenkreuzungen im Überwald wurden bei Tag und manchmal sogar auch bei Nacht motorisierte Posten aufgestellt. Alle Fahrzeuge wurden angehalten und mussten sich ausweisen. Auf die neuen Kontrollmethoden war Fritz nicht vorbereitet. Als er am Abend wieder einmal mit seinem Jeep unterwegs war, tauchten aus dem Dunkel der Nacht Militärpersonen mit roten Stoplampen vor ihm auf. Unmissverständlich gaben sie Zeichen anzuhalten. Fritz verringerte seine Geschwindigkeit und fuhr langsam und unverdächtig auf die Straßenkontrolle zu. Kurz vor den Kontrollpersonen schaltete er das Fernlicht an, um seine Widersacher zu blenden und gab Vollgas, so dass der Motor gewaltig aufheulte. In einem riskanten Fahrmanöver steuerte Fritz das beschleunigte Auto an den erschrocken Verkehrsposten vorbei und die Flucht schien zu gelingen. Die Amerikaner konnten sich denken, dass dies ihr gesuchtes Opfer war und schwangen sich in die bereitstehenden Wagen, um die Verfolgung aufzunehmen. Die Verfolgungsjagd war so richtig nach dem Geschmack des jungen Abenteurers. Er ließ es sich nicht nehmen, die wilde Jagd durch sein Heimatdorf zu führen. Im Ort kannte er jeden Weg und Steg, hier konnte er es sich erlauben, auch ohne Licht bei Dunkelheit zu fahren. Er schaltete das Wagenlicht aus und bog an der nächsten Kreuzung in eine Seitenstraße. Die Verfolger plötzlich ohne sichtbaren Gegner, fuhren auf der Hauptstraße weiter, an der Seitenstraße vorbei. Fritz hatte gemerkt, dass die Verfolger nicht mehr hinter ihm waren und fuhr langsam auf der

Nebenstraße weiter bis diese wieder die Hauptstraße kreuzte. Hier bog er wieder auf die Hauptstraße ein und fuhr auf der Straße, auf der eben noch die Verfolger hinter ihm her waren, in entgegengesetzter Richtung in den Wald, wo er für die Amerikaner unerreichbar war.

Die ständigen Kontrollen der Militärmacht zwangen Fritz zu besonderer Vorsicht. Das Fahren mit dem Jeep war nur noch im Wald und auf unwegsamem Gelände möglich. Diese Art des Fahrens über Stock und Stein strapazierte die Gummireifen der hinteren Antriebsräder des Wagens ungemein. Das Gummiprofil war abgefahren bis auf das Deckgewebe. Das Fahren mit schlechten Reifen und dabei eine Panne zu erleiden, konnte sich Fritz in seiner Lage nicht erlauben. Auf Mobilität war er angewiesen, also mussten neue Reifen beschafft werden.

Neue Gummireifen für ein US-Fahrzeug gab es nur im entsprechenden US-Depot. Wie konnte man da ran kommen? Robi war noch in Haft, aber da gab es noch weitere Mitbürger im Ort, die bei den Amerikanern in Arbeit und Brot standen. Fritz ging gedanklich alle Kandidaten durch. Von allen erschien im Will am besten geeignet. Will war etwas älter als Fritz und musste schon als Heranwachsender für Deutschland am Weltkrieg teilnehmen. Eine lange Gefangenschaft schloss sich an. So war ihm keine Möglichkeit zu einer normalen Berufsausbildung geblieben. Er musste seinen Lebensunterhalt als ungelernte Kraft bei den Amerikanern verdienen. Ihm trug Fritz bei passender Gelegenheit seine Reifensorgen vor. Will war, wie viele andere Bürger im Dorf, schon immer ein begeisterter Anhänger von Fritz und versprach diesem, sich in der Kaserne entsprechend umzusehen. Ob sein Bemühen erfolgreich sein konnte, musste abgewartet werden. Um jetzt nicht ständig den Reifenbeschaffer ansprechen zu müssen, vereinbarten beide ein sichtbares Zeichen zu setzen. Sollte es Will gelingen, einen Satz Autoreifen zu bekommen, wollte er als sichtbares Zeichen das Dachfenster des Speichers seines Hauses einen Spalt öffnen.

In den folgenden Tagen schaute Fritz immer wieder einmal sehnsüchtig nach dem besagten Speicherfenster. Kurze Zeit später war tatsächlich das Fenster halb geöffnet. Umgehend nahm Fritz mit seinem Reifenlieferanten Kontakt auf. Aber was der ihm berichtete war nicht erfreulich. Mit List und Tücke war es Will gelungen, zwei noch brauchbare Autoreifen in der erforderlichen Jeepgröße aus der US-Kaserne zu schleusen. Trotz größten Risikos hatte er dies geschafft und war mit den Reifen unterm Arm in den Zug Richtung Heimat gestiegen. Aber auf der Bahnstation, auf der er in den Zug zum Odenwald umsteigen musste, hatte ihm die deutsche Bahnpolizei seine wertvolle Fracht abgenommen. Dies ließ er nur unter Protest geschehen. Der Hinweis, dass die Reifen für einen amerikanischen Offizier bestimmt seien, wiesen die Bahnbeamten mit der Bemerkung ab, in diesem Falle solle sich der Amerikaner die Reifen gefälligst selbst abholen. Nachdem die zuständigen Bahnbeamten eine Quittung für das eingezogene Material ausgestellt hatten, musste sich Will damit abfinden.

Das Verhalten der Bahnpolizei während der Zeit so kurz vor der Währungsreform war nur zu berechtigt. Da die Reichsmark praktisch ohne Wert war, blühten die Schwarzmarktgeschäfte. Der Staat war bemüht, den Tauschhandel zu begrenzen und daher handelten die Beamten nur auf Anweisung. Ein Fahrgast mit zwei Autoreifen im Handgepäck, musste besonders verdächtig erscheinen.

So war also die Lage. Wollte Fritz seine neuen Reifen haben, musste er sie schon selbst abholen. Mit falschem Haar, Brille, Schnurrbart und US-Uniform machte er sich mit seinem Jeep auf den Weg zur betreffenden Bahnstation. Natürlich war die Aktion mit gewissem Risiko verbunden, aber unter dem Motto Frechheit siegt, parkte er seinen Jeep genau vor dem Bahnhofshauptgebäude und betrat forschen Schrittes das Hauptbüro im Verwaltungsgebäude. Noch bevor der Beamte nach seinem Begehr fragen konnte, begann Fritz mit seiner zuvor eingeübten Rede in gebrochenem Englisch:

„You häv yesterday may Läbourer of this Station two Pneus to take from.
I want thät of you, give this return, or I must go to your principäl Manager!"

Das Deutsch-Englische Sprachenmischmasch hatte seine Wirkung bei dem Bahnbeamten nicht verfehlt. Der Beamte stotterte etwas von Vorschriften und dass hier nur die Pflicht erfüllt worden sei. Dabei nahm er die Schlüssel vom Brett und wollte offensichtlich zum Lager, um die eingezogenen Autoreifen zu holen. Um ihm keine Zeit zu geben, sich nach der Echtheit des amerikanischen Offiziers zu erkundigen, begleitete ihn Fritz bis ins Kellerlager. Dort suchten sie gemeinsam die richtigen Reifen aus. Fritz musste noch eine Empfangsbescheinigung unterschreiben und konnte unbehelligt mit seiner kostbaren Fracht das Bahngebäude verlassen. Das Fahren mit dem Jeep war damit für die nächste Zeit wieder gesichert.

Robis Schicksal

In dieser Tatsachenerzählung sollte das tragische Schicksal von Freund Robi nicht unerwähnt bleiben. Zwar stimmen die Lebensabläufe der beiden Freunde zeitlich nicht ganz überein, aber der Vollständigkeit halber sei auch das geschildert.
Robi war nach dem denkwürdigen Autodiebstahl von der amerikanischen Militärpolizei verhaftet worden. Im Allgemeinen war er zur Tat geständig, aber für wen und zu welchem Zweck er dies getan hatte, schwieg er sich beharrlich aus.
Anfänglich sah es danach aus, als ob die Besatzungsbehörde die Sache auf sich beruhen lassen würde. Dann wurde jedoch bekannt, dass ein „amerikanischer Offizier" im Überwald wiederholt mit einem US-Jeep unerlaubt umher fuhr und dabei ungesetzliche Dinge tat. Da nun Robi ebenfalls aus dem Überwald stammte, war es nur eine logische Folgerung, dass der dort unberechtigt gefahrene Jeep nur der sein konnte, den Robi vom Kasernenhof entwendet hatte. Dieser Umstand verschlechterte Robis Lage gewaltig. Da Robi als deutscher Staatsbürger schon einige Zeit im amerikanischen Militärgefängnis verbracht hatte, übergaben ihn die US-Dienststellen zur weiteren Strafverfolgung und Aburteilung der deutschen Justizbehörde. Umgehend wurde Robi in das bürgerliche Gefängnis der Kreisstadt gebracht. Hier durfte er zukünftig privaten Besuch empfangen.
Als Heimatvertriebener war Robi nach dem Krieg gänzlich ohne Familienanhang in den Odenwald gekommen. Eine einheimische Familie hatte den Junggesellen in einem möblierten Zimmer aufgenommen. Bei den Leuten lebte Robi wie bei seiner eigenen Familie. Die Mietsleute hatten eine Tochter mit Namen Anna. Zwischen den jungen Leuten hatte sich so etwas wie ein Liebesverhältnis angebahnt. Sie war noch recht jung und von großer Liebe konnte eigentlich keine Rede sein, es war mehr eine dicke Freundschaft, die Anna und Robi verband. Durch die nicht ganz legalen Aktivitäten ihres Freundes waren beide mehr getrennt als beisammen. Besonders in letzter Zeit, als Robi seine Strafe bei den Amerikanern absitzen musste. Jetzt, da Robi als Untersuchungshäftling im Kreisgefängnis einsaß, war es Anna möglich, wenigstens an Besuchstagen ihren stillen Freund zu besuchen. Das Mädchen war der einzige Besuch, der sich um den Gefangenen in dessen schwerer Zeit kümmerte. Sie brachte allerlei Essbares mit und ließ auch sonst nichts unversucht, dem Inhaftierten seine Lage so angenehm wie möglich zu gestalten. Von der aufopferungsvollen Dienstleistung des Mädels war Robi überwältigt. Er war es seit seiner Jugendzeit im Elternhaus nicht mehr gewohnt, dass jemand so liebevoll um ihn bemüht war. Der Zeitraum zwischen den Besuchszeiten kam ihm wie eine Ewigkeit vor. Er konnte die angenehme Nähe des Mädchens kaum erwarten. Er schalt sich selbst einen Esel, dass er die ganze Zeit so wenig Aufmerksamkeit dem treuen Geschöpf geschenkt hatte. Während der Zeit im Strafgefängnis vollzog sich in Robi eine innere Verwandlung. Aus dem wilden Abenteurer wurde ein Liebender, der nur noch Augen für seine Angebetete zu haben schien. Plötzlich hatte er das unbändige Verlangen, endlich das Gefängnis verlassen zu dürfen, um noch öfter mit dem Mädel beisammen zu sein. Vorher war ihm das immer ziemlich gleichgültig, ja er musste sogar bei seinen Taten mit strafrechtlicher Verfolgung rechnen. Jetzt aber bereute er seine Taten und hätte sie gern ungeschehen gemacht. Die Verhandlung seiner Straftaten mit den Verhören vor der deutschen Justiz zog sich endlos dahin.
Fritz fühlte sich an der Inhaftierung seines Freundes mitschuldig und hatte schon oft überlegt wie er ihm beistehen könnte. Mit dem Jeep in amerikanischer Offiziersuniform

war er schon mehrmals am Gefängnisgebäude vorbeigefahren, aber wie konnte er seinem Freund helfen? Ein Besuch im Gefängnis wäre wohl der Gipfel der Frechheit und auch ebenso leichtsinnig gewesen.
Nach für Robi endloser Zeit wurde endlich der Tag der Verhandlung seiner Straftaten angesetzt. Als Mittelloser hatte er das Recht auf einen Pflichtverteidiger, der ihm als Beistand gewährt wurde. Dies war ein junger Rechtsgelehrter, der erst vor kurzem sein Jurastudium beendet hatte. Das allergrößte Vertrauen konnte Robi seinem jungen Rechtsbeistand nicht schenken, da anzunehmen war, dass er noch keine Erfahrung mit Justizangelegenheiten haben konnte. Er war zudem äußerst neugierig und wollte restlos alles wissen, was im Zusammenhang mit seiner Arrestierung stand, auch die zurückliegenden Aktivitäten mit Fritz. Er war eigentlich noch wissbegieriger als der Staatsanwalt. Das führte dazu, dass ihm Robi vollends misstraute und nur noch das allernötigste zugab. Was Robi nicht wissen konnte, war, dass großer Ehrgeiz den jungen Mann gepackt hatte, weil er sich bei der Gerichtsverhandlung die ersten Sporen in seinem Berufsleben verdienen wollte.
So kam der Tag der Gerichtsverhandlung. Robi wurde vom Gefängnis in den benachbarten Gerichtssaal geführt, wo er auf der Anklagebank Platz zu nehmen hatte. Auf den hinteren Zuhörerbänken saß Anna und winkte ihm schüchtern zu, dabei hatte sie beide Daumen fest in die Handflächen als Zeichen des Glücks gepresst. Allein die Anwesenheit des Mädchens ließ Robi die Angst und Sorge vor der bevorstehenden Verhandlung leichter ertragen.
Die Gerichtsverhandlung konnte beginnen. Als Nebenkläger und zur Prozessbeobachtung war ein Rechtsvertreter der US-Militärbehörde anwesend. Die Anklageschrift wurde verlesen und Robi zum Tatverhalt befragt. Heute zeigte sich Robi so beredsam wie selten zuvor, er gab bereitwillig Auskunft zu allen offenen Fragen. Selbst über den Autodiebstahl konnte er reden, denn es war allgemein bekannt, wer jetzt das US-Fahrzeug fuhr. Sein junger Rechtsbeistand entpuppte sich als ausgezeichneter Verteidiger und legte bei seinen Ausführungen besonderes Gewicht auf die bisherige Unbescholtenheit seines Mandanten. Jetzt wurde Robi klar, dass er dem jungen Mann unrecht getan hatte. Viel besser hätte ein routinierter Rechtsanwalt die Verteidigung auch nicht erledigen können. Dankbar nickte er seinem Rechtsbeistand nach Beendigung seiner Ausführungen zu. Der Richter sprach ein wirklich mildes Urteil. Robi kam trotz der Schwere seiner Tat mit ein paar Monaten Arrest davon. Man rechnete dem Angeklagten die während der Untersuchungshaft verbüßte Zeit an, somit blieben nur noch ein paar Tage Reststrafe abzusitzen. Das war die Wende zum Guten. Dem Richter war bei der Verhandlung auch das junge Mädchen auf der Zuhörerbank aufgefallen, wie sich diese zwar stumm aber voller Hingabe für den Gerichtsverlauf interessierte. Es war unübersehbar, dass sie voller Zuversicht auf ein mildes Urteil hoffte. Damit bewies sie dem Richter, dass die junge Frau zukünftig ausgleichend auf ihren Freund wirken würde und damit ein Strafrückfall nicht mehr zu erwarten war. Damit hatte Anna unbewusst zur Strafmilderung für ihren Liebsten beigetragen.
Nach Beendigung der Verhandlung fielen sich beide verliebt in die Arme. Obwohl sie sich sicher viel zu sagen gehabt hätten, schwiegen beide und schauten sich nur stumm in die Augen. Die Justizbeamten ließen es geschehen, doch nach einer Weile mussten sie sich wieder trennen. Er ging in die Zelle, sie in ihr Heimatdorf zurück. Robi kannte nun den Termin seiner endgültigen Haftentlassung. Deshalb machte es ihm wenig aus, dass

man ihn zusammen mit drei anderen Häftlingen in eine Zelle steckte. Sonntagsnachmittags zur Besuchszeit bekam Robi wie üblich Besuch. Die Mitgefangenen schauten etwas neidisch auf ihren Kollegen, als dieser vom Wärter in den Besuchsraum geführt wurde. Anna kannte ihren Freund und dessen Lieblingsspeisen, so hatte sie heute neben einer Schachtel Zigaretten und einer Flasche Apfelwein auch einen selbstgebackenen Topfkuchen mitgebracht. Alle diese Kostbarkeiten waren liebevoll zusammengepackt und Robi konnte sich nicht genug für die Liebesgaben bedanken. Sie zählten schon gemeinsam die Stunden bis zu Robis endgültiger Freiheit und schmiedeten Pläne für die Zukunft. Nach Ende der Besuchszeit ging Robi beladen mit den Geschenken in die Zelle zurück, wo ihn seine Leidensgenossen sehnsüchtig erwarteten. Es war für Robi eine Selbstverständlichkeit, dass seine Liebesgaben gerecht unter den Kollegen aufgeteilt wurden.
Schnell verging die Resthaftzeit und der Entlassungstag für Robi war gekommen. Er wurde frühmorgens von seinen Zellengenossen geweckt. Das Waschen und Rasieren wurde heute unter den kritischen Blicken der Leidensgefährten besonders gründlich durchgeführt. Selbst beim Packen der wenigen Utensilien waren sie behilflich. So war Robi geschniegelt und gebügelt bereit, dem Wärter in die Freiheit zu folgen. Man verabschiedete sich herzlich voneinander und die Zurückgebliebenen vergaßen nicht, Robi zu bitten einmal mit einem würzigen Topfkuchen bei ihnen vorbeizuschauen. Das Rasseln des Schlüssels in der Gefängnistür unterbrach die sentimentale Stimmung und Robi wurde vom Wärter aufgefordert, aus der Zelle zu kommen. Hinter den beiden drehte sich der Schlüssel wieder im Schloss und Robi wurde vom Justizwachtmeister zum Gefängnisdirektor geführt. Dieser hatte für solche Fälle seine allgemeine Terminologie bereit, die für den zu Entlassenen als Mahnung und zur Läuterung zu verstehen war. Zum Abschluss bekam Robi noch seine Ausweispapiere und sogar eine Bahnkarte für die Heimfahrt. Da Robi während der Haftverbüßung in der Gefängniswerkstatt gearbeitet hatte, wurden ihm ein paar Mark Lohn ausgezahlt. Noch einige Schritte durch das ungastliche Gebäude. Das große eiserne Tor öffnete sich und Robi stand als freier Mann auf der Straße. Das war ein herrliches Gefühl, die Luft außerhalb der Haftanstalt einatmen zu dürfen. Erleichtert wendete er sich und wollte in Richtung Bahnhof gehen. Da fiel ihm auf der gegenüberliegenden Straßenkreuzung ein Mädchen auf. Ja, sie war es, Anna, sie hatte vor dem Tor auf ihn gewartet. Bescheiden und verschämt traute sie sich nicht, den Freund in der Freiheit zu begrüßen. Da aber Robi über die Straße auf sie zukam, verflog die Scheu und sie lief ihm freudestrahlend entgegen. Die folgende Begrüßung war ungeziert und kam von Herzen. Robi ließ es sich nicht nehmen seine Freundin für all das Gute, das sie in der Vergangenheit für ihn getan hatte, auf eine Tasse Kaffee mit Kuchen einzuladen. Am frühen Abend kamen beide glücklich aber mit wenig Geld in ihrer Heimatgemeinde an.
Da Robi keine Familienangehörigen oder sonstige Verwandten hatte, beschlossen die beiden Verliebten zukünftig in der Mansardenwohnung des Elternhauses von Anna gemeinsam zu leben. Die streng gläubigen Eltern von Anna wollten einem außerehelichen Zusammenleben der jungen Leute nicht so ohne weiteres zustimmen. Sie machten dieses Ansinnen von der Verlobung der beiden abhängig. Dies war auch im Sinne von Robi und schnell war der Tag der Verlobungsfeier festgelegt. Es sollte eigentlich eine schlichte Feier werden, aber es kamen doch mehr Gratulanten als vorgesehen.
Auch Fritz hatte von der vorgesehenen Verlobungsfeier erfahren und mischte sich zu fortgeschrittener Stunde unter die Feiernden. In dem Moment, als Fritz den Festraum

betrat, verstummten augenblicklich alle Gespräche. Man kannte die Beziehungen zwischen ihm und Robi und schaute aufmerksam, was nun passieren würde. Fritz ging an den Gästen vorbei zu dem an der Stirnseite der Tafel sitzendem Brautpaar. Er gratulierte zur Verlobung und wünschte beiden für die Zukunft alles Gute. Zur Braut gewandt sagte er, dass er auch weiter mit Robi eine gute Freundschaft halten wolle, aber auf keinem Fall ihrem Glück im Wege stehen werde. Er trank noch ein Glas Wein auf das Wohl der Brautleute und verließ die Feier.
Für die nächsten Tage war Robi Gast bei seinen zukünftigen Schwiegereltern. Die Tatsache, endlich wieder zu einer intakten Familie zu gehören, machte ihn froh und er fühlte sich ausgesprochen wohl in der neuen Gemeinschaft. Aber länger wollte und konnte er nicht faulenzend auf anderer Leute Kosten leben. Er machte sich auf, eine Arbeit zu suchen. Nachteilig wirkte sich der Hinweis „vorbestraft" in seinen Arbeitspapieren aus. Trotzdem gelang es ihm, bei einem verständnisvollen Arbeitgeber wieder eine Beschäftigung zu finden. Da Anna ebenfalls berufstätig war und Geld verdiente, hatten beide schon bald etwas Geld zusammengespart. Ihr Wunsch war es schon lange, ein eigenes Fahrzeug zu besitzen um mobil zu sein. Den Wunsch konnten sie sich bald erfüllen. Sie kauften aus der gemeinsamen Kasse ein Motorrad. Es war zwar nicht das neueste Modell, aber es war gut in Schuss und ließ eine sportliche Fahrweise zu. Anfallende Reparaturen konnte Robi selbst erledigen. Als Fahrer bei der US-Armee hatte er sich gewisse Mechanikerkenntnisse angeeignet.
Von jetzt an begann die schönste Zeit für die Verlobten. An Sonn- und Feiertagen bei schönem Wetter nutzten sie jede Gelegenheit und fuhren kreuz und quer durch den schönen Odenwald. Das brachte viel Spaß und sie merkten, dass sie absolut zueinander passten. In beiden reifte der Entschluss, möglichst bald zu heiraten, um ihre Gemeinsamkeit vor Gott und der Welt zu bekennen. Es wurde fortan noch intensiver gespart, um den nötigen Hausrat zu beschaffen. Nach und nach, auch mit der Hilfe von Annas Eltern, kam eine komplette Wohnungseinrichtung zusammen. Jetzt konnte der Hochzeitstag festgelegt werden. Natürlich waren für den großen Tag allerlei Vorbereitungen zu treffen. Die Dorfschneiderin musste ohne Mitwirkung und Wissen des Bräutigams das Brautkleid schneidern, denn es war seit altersher Brauch, dass der Bräutigam das Brautkleid erst am Tag der Trauung sehen durfte. Einige Besorgungen konnten nicht im Ort getätigt werden, da das Fachangebot nicht ausreichend war. Deshalb beschlossen Anna und Robi, zu einem abschließenden Einkaufsbummel in die nächste Stadt zu fahren. Beide nahmen sich bei ihren Arbeitgebern einen Tag Urlaub und machten sich mit dem Motorrad auf die Reise. Robi steuerte wie üblich die Maschine und Anna hatte auf dem Sozius Platz genommen. Vor sich auf den Knien balancierte sie die Einkaufstasche. So fuhren die beiden die Serpentinenstraße des Odenwaldes hinunter in die Rheinebene zur nächsten größeren Stadt.
Schon zu Kaiserzeiten war die Residenzstadt auch Garnisonsstadt mit mehreren Kasernen, die alle außerhalb des Stadtzentrums lagen. Bei der Besetzung Deutschlands im März 1945 hatte sich die US-Besatzungsmacht diese großen Soldatenunterkünfte zu eigen gemacht und der Großteil der US-Militärmaschinerie war dort untergebracht. Wollten Robi und Anna mit ihrem Fahrzeug in die Einkaufsstadt, mussten sie der Hauptstraße folgend durch die Vorstadt an den US-Kasernen vorbei. Robi war schon immer ein sportlicher Menschentyp, so befleißigte er sich auch beim Motorradfahren einer zügigen Fahrweise. Zumal ihnen heute am arbeitsfreien Tag ein schöner Einkaufsbummel

bevorstand. So fuhren beide frohgemut ihrem Ziel entgegen. Das Vorfahrtsrecht auf dieser Hauptstraße war mittels Vorfahrtsschilder ausgezeichnet. Während der Fahrt waren sie mittlerweile an den Kasernen angekommen. Robi zeigte im Fahren seiner Braut seinen ehemaligen Arbeitsplatz in der amerikanischen Militärstation. Da kam urplötzlich aus der Kasernenausfahrt mit großer Geschwindigkeit ein schwerer US-Kampfpanzer auf die vorfahrtsberechtigte Hauptstraße gefahren und kreuzte den Weg der beiden Überwälder Motorradfahrer. Zwar erkannte Robi noch die drohende Gefahr, konnte aber sein Fahrzeug nicht mehr rechtzeitig bremsen. So raste das Motorrad in voller Fahrt auf den schweren Panzer.

Der Zusammenprall hatte für die jungen Leute katastrophale Folgen, beide Liebenden kamen dabei ums Leben.

Der Heimatboden wird zu heiß

Nach der Gefangennahme von Robi war Fritz seines besten und zuverlässigsten Freundes beraubt. Zwar gewährten ihm die anderen Freunde abwechselnd Unterkunft, aber ohne die kameradschaftliche Hilfe von Robi war das anonyme Leben sehr beschwerlich. Mit Elli konnte er auch nur sporadisch zusammen kommen, denn sie wurde von der Justiz immer noch beobachtet. Am Tage war es für Fritz zu riskant, sich im Ort sehen zu lassen. Trotz Verkleidung war er zu bekannt geworden. Um seinen Lebensunterhalt zu bestreiten, musste er nach wie vor dem heimischen Wild nachjagen, das Sieber weiter verkaufte. Die Justizbehörde in Verbindung mit der Besatzungsmacht konnte und wollte dieses illegale Tun nicht dulden. Es war ein Teufelskreis, in den Fritz hineingeraten war. Hatte er eine erfolgreiche Jagd abgeschlossen, zog diese unweigerlich neue Aktivitäten mit motorisierten Streifenfahrten der Militärbehörden nach sich. Selbst bei befreundeten Familien war wiederholt mit Haussuchungen nach dem Flüchtigen gefahndet worden. Das Haus der Familie Kraut stand sowieso ständig unter Bewachung. Die Militärbehörde hatte verkünden lassen, dass derjenige, welcher dem Flüchtigen Obdach gewähre, selbst mit harten Strafen als Mittäter zu rechnen habe. Fritz musste schon deshalb wiederholt in seiner Waldhütte übernachten, da ihn verschiedene befreundete Familien aus Furcht nicht mehr bei sich aufnehmen wollten. Der Heimatboden wurde heiß und heißer. So entschloss sich Fritz schweren Herzens, seine geliebte Heimat wenigstens für eine gewisse Zeit zu verlassen.
Aber wo sollte er hin? Missmutig bestieg er seinen Wagen und fuhr ziellos davon. Sollte es ihm heute nicht gelingen, einen Ausweg aus seiner hoffnungslosen Lage zu finden, so sollte doch die Fahrt als Erkundung dienen. Vielleicht ließe sich irgendwo ein geeigneter Unterschlupf finden.
Deutschland war nach dem Krieg von den Siegermächten in vier Sektoren aufgeteilt worden. Der Odenwald gehörte in den Verantwortungsbereich der Amerikaner. Die Grenze zu der französischen Zone bildete der Rhein. Fritz war bei seiner ziellosen Fahrt, eigentlich ungewollt in die Nähe der Zonengrenze gekommen. Aus sicherer Entfernung konnte er die Grenzkontrollen beobachten. Personenkontrollen wurden besonders gründlich durchgeführt. Ohne Ausweispapiere war es nicht möglich, die Grenze zu passieren. Dies war die wichtigste Erkenntnis, die Fritz an dem heutigen Tag sammeln konnte.
War auch eine Grenzpassierung ohne Ausweise fast unmöglich, konnte man aber andererseits davon ausgehen, dass er, sollte er den ungehinderten Übergang schaffen, vor den Nachstellungen der Amerikaner sicher wäre. Damit stand für Fritz fest, er musste unbedingt aus dem amerikanischen in den benachbarten Sektor, um wieder frei leben zu können. Dazu war ein gültiger Pass nötig.
Die Justizbehörde hatte ihm damals bei der Verhaftung im Elternhaus die Ausweispapiere abgenommen. Diese Papiere mussten unbedingt wieder beschafft werden. Mit diesen Gedanken fuhr Fritz in den Odenwald zurück.
Durch seine guten Kontakte zu den Mitarbeitern auf der Bürgermeisterei des Heimatortes ließ Fritz feststellen, wo sein eingezogener Pass geblieben war. Zu seinem größten Bedauern erfuhr er, dass seine Ausweispapiere bei den Besatzungsbehörden aufbewahrt wurden. Ausgerechnet da konnte Fritz selbst mit allerbesten Beziehungen nicht rankommen. So blieb keine andere Möglichkeit als sich eine neue Kennkarte zu besorgen.

Bald hatte Fritz erfahren, wie und von wem eine solche Amtshandlung vorzunehmen war. Die amtliche Gemeindebehörde war dafür zuständig. Verantwortlich für alle Amtshandlungen war der Bürgermeister. Zur Zeit hatte dieses Amt ein ehrlicher, seriöser, älterer Herr inne. Er war von der US-Kommandantur nach Kriegsende in das Amt gewissermaßen befohlen worden. Eigentlich hatte er einen gänzlich anderen Beruf, aber auf Grund seines unbescholtenen Lebenswandels und weil er auch nicht die Machenschaften der NS-Regierung geteilt hatte, hatte man ihn als obersten Bürger der Gemeinde eingesetzt. Trotz seiner verwaltungstechnischen Defizite arbeitete er sich mit der Zeit in den neuen Beruf erfolgreich ein und führte die Gemeindekanzlei zu aller Zufriedenheit.

An diesen Mann musste sich Fritz halten, wollte er zu neuen Ausweispapieren kommen. Im Allgemeinen war der Bürgermeister als sehr menschenfreundlich und zuvorkommend bekannt, deshalb fasste Fritz den Mut, wegen seines Anliegens das Ortsoberhaupt aufzusuchen. Dies konnte natürlich nicht in der Amtsstube zu normalen Dienstzeiten geschehen.

Der Bürgermeister wohnte privat in einem gemeindeeigenen Haus an der Dorfstraße. An die Hausrückseite grenzte der Garten und daran offene Wiesen und Ackergelände. Das Bürgermeisterhaus konnte besonders gut von der Rückseite eingesehen werden. Als es am Abend dämmerte schlich Fritz von hinten an das Haus heran und konnte durch das Fenster in das beleuchtete Wohnzimmer blicken. Auf dem Sofa saß der alte Herr alleine und las die Tageszeitung. Diese Gelegenheit wollte Fritz sofort nutzen und läutete an der Haustüre. Der Bürgermeister öffnete und war nicht schlecht erstaunt, als er den schon lange von der Justiz Gesuchten vor seiner Tür erblickte. Schnell ließ er den jungen Mann herein und verschloss die Haustüre. Jetzt musste sich Fritz über die Behändigkeit des alten Herrn wundern, wie er in Windeseile die Vorhänge an den Fenstern zuzog. Auch ihm war daran gelegen, dass niemand die geheime Unterredung der beiden verfolgen konnte. Beide, doch so ungleiche Bürger, setzten sich in die gemütlichen Polstermöbel am Zimmertisch. Nun hielt das Ortsoberhaupt seinem jungen Gast eine gehörige Moralpredigt. Dabei kam er immer wieder auf die Schwierigkeiten der Gemeinde zu sprechen, die diese durch die Streiche von Fritz zu erdulden hatte. Er beschwor förmlich den jungen Mann, seine illegalen Aktivitäten zu beenden und sich der Justiz anzuvertrauen. Er versprach sogar, sollte sich Fritz freiwillig bei der Behörde stellen, alles zu tun, um ihm zu einer geringeren Strafe zu verhelfen.

Fritz, der das Gefängnis von innen kennen gelernt hatte, war damit nicht einverstanden. Er offenbarte dem Bürgermeister seinen Plan. Auch war er einverstanden, dass die Gemeinde durch ihn keine Unannehmlichkeiten mehr erdulden sollte. Deshalb wäre es aus seiner Sicht am besten, wenn er ganz von hier verschwände. Dies war jedoch ohne Ausweispapiere nicht möglich und nur der Bürgermeister könne ihm, Kraft seines Amtes, zu neuen Papieren verhelfen. Mit dieser Forderung war, wie fast zu vermuten, der Bürgermeister nicht einverstanden. Er lehnte ein solches Ansinnen vehement ab. Nach einigen weiteren moralischen Belehrungen ging man unverrichteter Dinge auseinander.

Auf diesem Wege war also nicht an die wichtigen Ausweispapiere heranzukommen. Fritz musste sich eine andere Möglichkeit einfallen lassen.

Neue Ausweispapiere

Von behördlicher Seite war in Moment wenig zu erwarten. In ganz Deutschland wurde die längst fällige Währungsreform 1948 eingeführt. Alle Dienststellen und Ämter waren voll beschäftigt, die reinigende Wirkung dieser Aktion zu bewerkstelligen. Für den Bürger ergaben sich damit entscheidende Änderungen im Ablauf des normalen Lebens. Plötzlich waren alle Geschäfte mit Waren überladen, man konnte für sein verdientes Geld gute Waren kaufen. Der Schwarzmarkt mit seiner Kleinkriminalität brach über Nacht zusammen. Im Lande herrschte eine Aufbruchstimmung die letztlich in das deutsche Wirtschaftswunder mündete.

Die neue Situation brachte dem Dunkelmann Sieber erhebliche Nachteile. Er konnte seine Geschäfte nicht mehr in gewohnter Art und Weise ausführen. Das bekam letztlich auch Fritz schmerzlich zu spüren. Geldverdienen mit dem Erlegen von Wildbret war unrentabel geworden.

Ein Weiterleben ohne gültige Ausweispapiere war nicht möglich. Die diesbezügliche Besprechung mit dem Bürgermeister war erfolglos verlaufen. In den Besitz der Originalausweispapiere zu kommen, die unter Verschluss bei der Besatzungsmacht lagen, war ebenso unmöglich. Etwas musste aber geschehen.

Auf der Gemeindeverwaltung arbeiteten neben dem Bürgermeister noch einige Angestellte, die diesem zuarbeiten mussten. Es traf sich gut, dass vor kurzem eine mit Fritz gleichaltrige ehemalige Mitschülerin ihre Ausbildung bei der Gemeinde als

Passierschein: Ohne einen schriftlichen Erlaubnisschein der US-Kommandantur war es in dieser Zeit keinem deutschen Bürger erlaubt, seinen Heimatort zu verlassen. Selbst ein dringlicher Krankenhausbesuch in der Universitätsstadt Heidelberg musste genehmigt werden.

Verwaltungsangestellte begonnen hatte. Fritz suchte unauffällig die Gesellschaft der alten Schulkameradin. Bei einem unverbindlichen Gespräch über die vergangenen Schulzeiten trug Fritz sein eigentliches Ansinnen dem Mädchen vor. Es müsste ihr doch möglich sein, auf der Gemeindekanzlei eine entsprechende Kennkarte zu besorgen. Die angehende Verwaltungsangestellte wusste um die Bestrafung, die auf ein solches Fehlverhalten folgte und lehnte rundweg ab. Für sie sei es nicht möglich an die unter Verschluss abgelegten Kartenvordrucke und die nötigen Stempel zu gelangen. Dazu bekäme ein Pass erst mit der Unterschrift des dazu bevollmächtigten Bürgermeisters seine Gültigkeit. Fürs erste musste Fritz einsehen, dass es bei der Freundin noch einige Überzeugungsarbeit zu leisten bedurfte, um in der Passsache etwas zu erreichen. Weil es eigentlich keine Alternative gab, versuchte es Fritz immer wieder und siehe da, jetzt war die Verwaltungsangestellte bereit, die Beschaffung der Dokumente wenigstens zu versuchen.

Es wird wohl immer ein Geheimnis bleiben, wie es die junge Frau schaffen konnte. Eines Abends im Spätsommer 1948 war Fritz im Besitz eines gültigen Personalausweises. Zwar lautete der Pass auf einen fremden Namen, aber das Passbild mit den weiteren Eintragungen waren annähernd mit denen des neuen Passbesitzers vergleichbar.

Für die junge Verwaltungsangestellte sollte der Gefälligkeitsdienst noch bittere Folgen haben.

Die weitere Entwicklung der Dinge um Fritz, die sich im Anschluss ereigneten, brachte die Schulkameradin für die gutgemeinte Gefälligkeit in die Mühlen der Strafvollzugsbehörden. Sie wurde bestraft und verlor ihre Stellung bei der Gemeindeverwaltung.

Vergebliche Kontaktsuche

Während der Zeit in der Fritz gewissermaßen vogelfrei in seiner Heimat, dem Odenwald leben musste, hatten wir jüngeren Burschen kleinere Gruppen gebildet und zogen unstet, quasi als Pseudoindianer, durch die tiefen Wälder der Umgebung. Vielleicht trieb uns der innigste Wunsch einmal unverhofft auf unser Vorbild und großen Freund Fritz zu treffen.

Wenn man so ohne Plan und Ziel durch die Wälder streift, konzentriert man sich unbewusst auf die Geräusche der unmittelbaren Umwelt. Dabei war das tiefe Gurren der wilden Tauben in den lichten Buchenwäldern besonders auffallend. Bei intensiven Beobachtungen hatten wir schnell herausgefunden, dass diese Tiere ab und an immer wieder zu einem bestimmten Baum und dort auf eine bestimmte Astgabel flogen. Von munterem Gezwitscher wurden sie dort begrüßt. Also hatte das Taubenpaar hoch im Baum seine Brut. Das musste natürlich untersucht werden. Einer von uns „Indianern" stieg am Baum hoch und fand die jungen Vögel wie sie sich ängstlich in ihrem Nest verkrochen. Ein anderer Junge hatte sicher nicht zufällig ein Stück Schnur zur Hand und damit wurden alle Jungvögel am Bein im Nest festgebunden. Tage- und wochenlang fütterten die treuen Tauberneltern unermüdlich ihre immer hungrigen Jungen, bis diese rund und fett waren. Aber aus vorbeschriebenen Gründen konnten sie nicht fliegend das Nest verlassen. Nach einer gewissen Zeit machten wir dem grausamen Spiel ein Ende. In den nächsten Tagen gab es bei einigen Familien im Ort Geflügelbraten zum Mittagstisch, was zur damaligen Zeit ein besonderer Leckerbissen war.

Bei weiteren Streifzügen durch die Wälder fanden wir wiederholt im dichten Unterholz selbstgebaute „Waldhäuschen", wie wir sie nannten. Dies waren kleine Behelfsunterkünfte aus Naturmaterialien in primitivster Ausführung zusammen gezimmert. Der Aufbau war fast bei allen Hütten ähnlich. An einer trockenen Stelle, im von außen nicht einsehbaren Waldstück, waren verschiedene Stangen senkrecht in den Boden gerammt. Ebenfalls zu diesem Zweck wurden gewachsene Bäumchen, die in der Nähe standen, zur Stabilisation mitverwendet. Die wichtige Dachkonstruktion bildeten verschiedene Querstreben die waagrecht zueinander aufgelegt wurden. Das Ganze war mit unterschiedlichsten Materialien, wie Hartkartonaschen, Kunststoffresten, Blechstücken und manchmal sogar mit Dachpappe gegen äußere Wettereinflüsse notdürftig abgedichtet. Die Waldhäuschen waren kaum größer als 1,5 mal 1,5 Meter im Quadrat. Betreten werden konnten die Notunterkünfte nur in gebückter Körperhaltung. Eine der hinteren Ecken war meist provisorisch mit trockenem Farn und Gras ausgepolstert. Ansonsten war keine weitere Möblierung, die einen bequemeren Aufenthalt gewährt hätte, vorhanden. Trotzdem fanden sich immer wieder Gegenstände, welche die Vorbenutzer zurück gelassen hatten. So wechselten in der nächsten Zeit einige Gegenstände den Besitzer. So fand sich zum Beispiel ein Seitengewehr, dies war ein großes Stechmesser das zum Nahkampf von Militärpersonen auf das deutsche Gewehr 98 K aufgesteckt werden konnte. Ferner waren da Gasmasken, Soldatenessbestecke, Tornister und weitere Utensilien aus ehemaligen Militärbeständen. Was bei all den Fundsachen mein besonderes Interesse erweckte, war eine deutsche Offizierspistole der Marke Walther. Diesen Glücksfund verstaute ich in der Tiefe meiner Rocktasche und nahm ihn mit nach Hause. Natürlich musste auch dort mein Geheimnis gewahrt bleiben, denn es war nicht anzunehmen, dass meine Angehörigen begeistert über meinen Fund gewesen wären. Deshalb versteckte ich die Schusswaffe im Schuppen tief unter dem Brennholz.

Am nächsten Tag stand laut polternd der ortszuständige Hilfspolizist vor unserer Haustür und begehrte Einlass. In der Hand schwenkte er triumphierend einen Hausdurchsuchungsbefehl, der von der Justizbehörde ausgestellt war. Der Polizist war ein von der US-Kommandantur eingesetzter ehemaliger KPD-Anhänger der zu NS-Zeiten verschiedentlich, ob seiner kommunistischen Gesinnung inhaftiert war. Bei der Dorfbevölkerung war er wegen seiner rustikalen Benimmformen nicht sonderlich beliebt. Aber gerade wegen seiner groben Art erschien er den Auftraggebern als die ideale Hilfskraft auf der untersten Ordnungsebene. Gekleidet war er mit einem normalen Straßenanzug, lediglich eine weiße Armbinde mit dem Aufdruck „MP" wies ihn äußerlich als Polizeibeamten aus. Auf Rückfragen konnte meine Mutter noch erfahren, dass er im Hause nach Schusswaffen suchen müsste. Ausgestattet mit einer behördlichen Vollmacht ließ er eine Kriegerwitwe und einen halbwüchsigen Jungen so richtig merken, welche Respektsperson er doch war. Er krempelte die Wohnung von unten nach oben und von oben nach unten vollständig um, konnte aber das Gesuchte nicht finden. Obwohl er mir immer wieder mit wüsten Beschimpfungen drohte, verriet ich natürlich das Revolverversteck nicht.

Obwohl er nicht das fand nach dem er gesucht hatte, wurde er trotzdem fündig. In den vergangenen 12 Jahren NS-Zeit hatten sich, wie in jedem normalen Haushalt, Dinge angesammelt, die aus den Zeiten stammten in denen eine andere Weltanschauung gefragt war. Natürlich hatte meine Mutter kurz vor dem Einmarsch der Amerikaner alles was auf die braune Vergangenheit Deutschlands weisen könnte, wie z. B. die Hakenkreuzfahne, vernichtet. Obwohl mein Vater an der Front als Offizier gefallen war, befanden sich von ihm noch einige persönliche Kleidungsstücke, wie Paradeuniformteile und sogar die Offiziersschildmütze mit den NS-Symbolen im hinteren Kleiderschrankbereich. Triumphierend konfiszierte er all diese Dinge und zog damit nach stundenlanger, eigentlich erfolgloser Suche, schließlich unverrichteter Dinge ab. Nicht ohne noch einige schwere Strafandrohungen ob der gefundenen NS-Gegenstände an meine Mutter zu richten.

Es ist mir nicht bekannt, dass es jemals irgendeine Rückfrage wegen der Uniformteile gegeben hätte, allerdings wurden sie auch nicht mehr zurück gegeben, was ich heute sehr bedauere.

Natürlich wurde ich im Anschluss an den unfreundlichen Besuch des Staatsdieners von meinen Angehörigen aufs Heftigste wegen der unangenehmen Waffensache bestürmt. Schließlich gab ich dem ständigen Drängen nach und gestand im Besitz einer Schusswaffe zu sein. Es war natürlich im Familienrat eine beschlossene Sache, dass der brisante Gegenstand unverzüglich zu verschwinden hatte. Sofort führte meine Mutter ein längeres Telefonat mit meinem Onkel Georg in Darmstadt. Als Ergebnis hatte man ausgemacht, die Waffe unverzüglich nach Darmstadt zu bringen. Noch am gleichen Abend nähte meine Mutter die Pistole in das Innenfutter meines besten Rockes ein. Am nächsten Tag musste ich mit dem Fahrrad nach Darmstadt fahren, um bei Onkel Georg das Streitobjekt abzuliefern. Sicher hat dieser schlaue Fuchs die Waffe auf dem Schwarzmarkt verscherbelt.

Einer meiner „Indianerfreunde" musste mich verraten haben. Vielleicht war er auf meinen Waffenbesitz neidisch und gönnte mir den Erfolg nicht. Anders war die plötzliche Hausdurchsuchung der Staatsmacht nicht zu erklären.

Vergebliche Kontaktsuche

Aber schon bald war das unangenehme Zwischenspiel vergessen und die Streifzüge in den Wäldern gingen weiter. Der Kottenberg, eine der höchsten Erhebungen des mittleren Odenwaldes, war zur damaligen Zeit mit mächtigen alten Kiefern bewachsen. Als wir dort wieder einmal den Wald durchstreiften, bemerkten wir genau auf der Bergkuppe in dem Wipfel einer der höchsten Kiefern eine unnatürliche Holzansammlung. Von unten, verdeckt durch das dichte Astwerk, war nicht auszumachen welche Bedeutung die Hölzer haben könnten. Unser Interesse war geweckt, aber wir konnten den mächtigen Baum vorerst nicht besteigen. Der Stamm war so dick, dass wir ihn nicht umfassen konnten. Damit war unsere so oft geübte Klettertechnik nicht anzuwenden. Die ersten Äste waren gut und gern etwa 5 Meter vom Boden entfernt und somit ebenfalls nicht erreichbar. Not macht erfinderisch und schon bald war ein dünner Baumstamm mit Ästen gefunden, der als Kletterhilfe genutzt werden konnte. Damit waren die untersten Kiefernäste erreichbar und jetzt ging es von Ast zu Ast nach oben bis zu der geheimnisvollen Stangenansammlung dicht unterhalb der Baumkrone. Dort oben hatte ein Unbekannter mittels Stangen eine bequeme Sitzgelegenheit geschaffen. Dies war schon sehr verwunderlich, denn es musste schon mit gehörigen Mühen verbunden gewesen sein, das Bauholz nach oben zu schaffen. Aber noch faszinierender war die herrliche Aussicht über weite Teile des Odenwaldes, die man von der erhöhten Warte aus genießen konnte. Der Heimatort war nicht direkt zu sehen, da er hinter einer weiteren Bergkuppe lag. Die beiden Ausfallstraßen jedoch die aus dem Ort führten, sowohl nach Westen wie nach Osten, konnten von hier oben bestens eingesehen werden. Damit konnte dem interessierten Beobachter keine Verkehrsbewegungen auf den Straßen, zumindest bei Tage, entgangen sein.
Natürlich war für uns junge Waldabenteurer klar, dass sowohl die Waldbehausungen als auch der Hochsitz auf dem Kottenberg nur das Werk von Fritz sein konnte.
Dies erscheint zwar möglich, muss jedoch relativiert werden. Zur damaligen Zeit, kurz nach Ende des großen Krieges, waren viele Menschen unterwegs, denen es darum ging, nicht bei Tageslicht gesehen zu werden. Da waren einmal die Schwarzhändler. Menschen die ihren Broterwerb ausschließlich durch den Schmuggel von unerlaubten oder gar gestohlenen Waren bestritten. Nicht zuletzt waren ständig ehemalige deutsche Wehrmachtsangehörige unterwegs, die aus Gefangenenlagern geflohen waren und wieder ihrer angestammten Heimat zustrebten. Auch sie konnten einen kurzen Unterschlupf in der Anonymität gut gebrauchen.
Bedauernd mussten wir bei all unseren Streifzügen, die nur an schulfreien Nachmittagen geschehen konnten, feststellen, dass wir unseren Freund Fritz nicht ein einziges mal irgendwo angetroffen hatten.
Natürlich konnten wir noch nicht wissen, dass Fritz zu dieser Zeit bei Freunden in sicheren Gebäuden Zuflucht gefunden hatte.

Tragisches Ende

Nachdem nun Fritz endlich im Besitz eines gültigen Ausweises war, konnte er sich außerhalb seiner Heimatgemeinde frei und ungezwungen bewegen. Eine große Belastung war dadurch von ihm genommen! Das musste er sofort seiner geliebten Elli mitteilen.
Elli hatte während der ganzen Monate, in denen Fritz verfolgt wurde, weiter regelmäßig das Gymnasium besucht und stand mitten in den Abiturvorbereitungen. Über einen Mitschüler ließ er ihr mitteilen, sie möge doch bei Einbruch der Dämmerung zum vereinbarten Treffpunkt kommen.
Schon vor einiger Zeit hatten Fritz und Elli den geheimen Treffpunkt am Fuchsloch ausgemacht. So wusste Elli Bescheid und machte sich am Abend auf den Weg.
Das Fuchsloch war eine Flurbezeichnung für ein dichtbewachsenes Waldstück in relativer Nähe des Dorfes. Es war sowohl zu Fuß als auch mit dem Fahrzeug bequem aus verschiedenen Richtungen zu erreichen. Wegen der zentralen Lage hatte Fritz das dunkle Waldstück als Sondertreffpunkt ausgewählt. Elli war zum vereinbarten Stelldichein gekommen und Fritz ließ sie zur gemeinsamen Abendspazierfahrt einsteigen.
In all den vorherigen Begegnungen des jungen Paares, die während der Verfolgungszeit von Fritz zustande gekommen waren, war Elli immer etwas sorgenvoll und bedrückt. Sie konnte sich im Gegensatz zu Fritz nur schwer mit dessen vogelfreier Situation abfinden. Am meisten quälte sie die Ungewissheit über die gemeinsame Zukunft. Nun bot sich plötzlich die Möglichkeit, mit den neuen Papieren an einem anderen Ort ein neues gemeinsames Leben aufzubauen. Das zu wissen gab Mut und Kraft und die beiden jungen Leute waren an dem Abend glücklich wie selten zuvor. Es wurden allerlei Zukunftspläne geschmiedet. Sie stritten wie kleine Kinder über das Ziel ihrer bevorstehenden Reise und über den neuen Wohnort, in dem sie zukünftig leben wollten.
Ein großes Hindernis stand vorerst einem nötigen Ortswechsel im Wege. Fritz hatte mehr als ein Jahr die Schule versäumt. Ein entsprechender Schulabschluss mit Abitur war unter den Voraussetzungen nicht möglich. Elli hingegen hatte das berufliche Nahziel Abitur mit den Vorbereitungen, in denen sie zur Zeit steckte, fast erreicht. So kurz vor dem Abschluss wollte und konnte sie die Schule nicht verlassen. Das musste Fritz einsehen und man einigte sich, die endgültige Abreise noch um diese Zeit zu verschieben.
Ein weiteres bedeutendes Hindernis musste beseitigt werden. Die vor der Währungsreform sprudelnde Einnahmequelle Wildbretverkauf war versiegt. Beide waren mittellos und das würde einen Neubeginn in der Fremde ungemein erschweren. Fritz wollte zu diesem Zweck seinen alten Herrn aufsuchen, um ihn um ein kleines Darlehen zu bitten.
Da waren noch weitere Zukunftspläne zu besprechen und so wurde es an diesem Abend sehr spät. Fritz ließ in dieser Nacht alle Vorsichtsmaßnahmen unbeachtet und fuhr Elli ins Dorf zurück zu ihrer Wohnung.
Beide hatten vereinbart, sich demnächst öfters zu treffen. An gewissen Tagen sollte Elli zum Fuchsloch kommen, wo Fritz auf sie warten wollte.
Eigentlich war es Fritz vor einem Wiedersehen mit seinem Vater etwas bange. Wie Elli bei Besuchen im Hause Kraut von Mutter Kraut erfahren hatte, konnte sich der alte Herr immer noch nicht mit den Streichen seines Sohnes anfreunden. Es war also mehr als fraglich, ob der alte Herr überhaupt zur finanziellen Unterstützung des Sohnes bereit sein würde. Fritz musste es aus Mangel an Alternativen versuchen. Ein direkter Besuch im Elternhaus wäre zu riskant gewesen. Das Umfeld des Hauses stand, zumindest

sporadisch, immer noch unter Bewachung. Fritz wusste, dass der Tierarztvater täglich zu seinen routinemäßigen Krankenbesuchen auf die Bauernhöfe der Umgegend musste. Gerade zu dieser Zeit war die berüchtigte Maul- und Klauenseuche in der Gegend ausgebrochen. Die heimtückische Tierkrankheit machte den Bauern schwer zu schaffen. Dies bedeutete für den Tierarzt viel Arbeit mit täglichen Fahrten von Bauernhof zu Bauernhof. Vor den Ställen deutete ein großes selbstgemaltes Warnschild auf die Seuchengefahr hin. So konnte Fritz schon von weitem feststellen, welcher Hof mit Sicherheit demnächst vom Tierarzt aufgesucht werden musste. Er suchte den am Ortsrand der Nachbargemeinde gelegenen Hof des Schorchebauern aus und schlich des Nachts zur Scheune. In das Gebäude zu kommen war nicht einfach. Der Bauer hatte einen scharfen Wachhund, der sofort beim Nähern eines Fremden anschlug. Fritz musste also besonders leise und vorsichtig sein Glück versuchen. Der Schorchehof war ein sauber und ordentlich geführter Betrieb und bestand wie die meisten Großbauernhöfe aus einem separaten Wohnhaus und dem gegenüberliegenden Scheunenstallgebäude. Durch die hintere Scheunentür drang Fritz in die Scheunentenne ein. Er stieg über die Leiter zum Boden hinauf und legte sich im hinteren Bereich ins weiche Heu. Für den Rest der Nacht konnte er beruhigt einschlafen.

Am nächsten Morgen wurde der Schläfer im Heu vom geschäftigen Treiben auf dem Hof geweckt. Hier oben brauchte er nicht zu fürchten, dass man ihn entdecken könnte. Solange es noch frisches Grünfutter in der freien Natur gab, würde der Bauer seine Wintervorräte nicht verfüttern. Jetzt bei Tageslicht schaute sich Fritz in seiner näheren Umgebung um. Er befand sich über dem Viehstall, das konnte er an der offenen Luke sehen. Durch die Luke wird während der Winterzeit das Trockenfutter vom Tennenboden in den Futtergang des Stalles geworfen. Von hier oben konnte er direkt in den Stall zu den Tieren schauen. Sollte im Laufe des Tages der Tierarzt auf seiner Visite hier Station machen, musste er ihn sehen.

Gegen Mittag war es soweit. Fritz hörte den vertrauten Klang des Motors, als Papa Kraut mit seinem Auto Marke Adler auf dem Hof vorfuhr. Nach einer kurzen Begrüßung kamen der Bauer und der Tierarzt in den Stall, um das kranke Vieh zu behandeln. Viel konnte der Arzt nicht tun. Mit warmem Wasser und einer stinkigen Salbe wurden die Klauentiere abgerieben. Fritz konnte alles von der Futterluke aus beobachten. Als die Behandlung ziemlich beendet war, stieg er die Scheunenleiter hinab in die Tenne. Stall und Tenne waren mit einem Manndurchgang verbunden. Fritz öffnete die grobgezimmerte Tür und schaute in den Stall. Sein Vater stand mit dem Rücken zur Tür und konnte den Sohn noch nicht sehen. Fritz war etwas beklommen, als er die energische Stimme seines Vaters aus nächster Nähe hörte. Trotzdem stieß er die Tür vollends auf und ging beherzt in den Stall. Der Vater war etwas gebückt bei der Tierbehandlung, richtete sich aber sofort beim Anblick seines Sohnes auf und beendete abrupt seine Arbeit. Die ersten Sekunden standen sich Vater und Sohn wortlos gegenüber, keiner konnte die ersten Worte finden. Mit einer Handbewegung gab der Tierarzt dem Schorchebauer zu verstehen, er möge den Stall verlassen. Ohne Worte kam dieser der Aufforderung nach.

Jetzt begann der Vater seinem Sohn eine Standpauke zu halten, die sich gewaschen hatte. Eigentlich wäre es nicht nötig gewesen, dass der Bauer den Stall verlassen hatte, denn der Vater benutzte für seine Gardinenpredigt eine derart laute Stimmlage, dass man ohnehin drei Häuser weit jedes Wort verstehen konnte. Fritz kannte seinen Vater und wusste, dass im Moment jede Widerrede zwecklos war. Er ließ die Moralpredigt wehrlos über sich ergehen. Aber man merkte bald, dass der Vater, je länger er redete, zu einer moderateren Sprachform zurückfand. Auch wurde die Wortwahl milder und man konnte dem alten Herrn anmerken, wie sehr er sich doch über das unverhoffte Wiedersehen mit seinem Sohn freute. Der Schorchebauer hatte anscheinend die Versöhnung von Vater und Sohn vorausgesehen und deshalb ein anständiges Bauernfrühstück zubereiten lassen. Der freundlichen Einladung konnten beide nicht widerstehen und man begab sich zu Tische. Bekanntlich wird die aufgebrachte Seele bei Speis und Trank wesentlich ruhiger und so konnte Fritz während der Mahlzeit seine Zukunftspläne mit dem Vater besprechen. Ans Ende seiner Ausführungen hängte er in wohlgesetzten Worten die so wichtige Bitte nach finanzieller Unterstützung zur Aussiedlung. Zwar wollte dem alten Herrn das Unternehmen Flucht nicht so recht passen, aber außer der drohenden Gefängnisstrafe wusste er keinen besseren Rat. Die letzten Zweifel des Vaters konnte Fritz mit dem Hinweis vertreiben, dass sich die Zeiten auch bald wieder ändern könnten und sobald Gras über die Sache gewachsen sei, könnte er jederzeit wieder zurück in sein Elternhaus kommen.

Schließlich war der alte Herr zähneknirschend einverstanden. Der Schorchebauer war gerührt und bot sich an, zukünftig als Mittelsmann zwischen Vater und Sohn zu fungieren. Dazu wollte er dem jungen Mann für die nächsten Tage in seinem Hause Unterkunft und Verpflegung gewähren. Da der Tierarzt sowieso täglich aus Berufsgründen zum Schorchebauer kommen musste, war Fritz bald im Besitz eines ansehnlichen Geldbetrages.

Die jungen Leute Fritz und Elli schwelgten in den schönsten Träumen, alles schien bestens zu laufen. Nur noch die kurze Zeit bis zur Schulabschlussprüfung und beide könnten fernab ein neues Leben beginnen.

Aber es sollte anders kommen!

Fritz konnte es sich nicht verkneifen zwischendurch immer wieder einmal ein schmackhaftes Wildbret zu erlegen, das die Schorchebauerfamilie zubereitete. Auch an den verabredeten Tagen holte Fritz seine geliebte Braut immer wieder am Wolfsloch ab und beide fuhren durch die Wälder. Sowohl das unberechtigte Jagen als auch das Fahren mit dem US-Fahrzeug blieben dem ehrgeizigen Förster Paulus nicht verborgen. Oft hatte er das Fahrzeug oder zumindest die Spuren im Wald entdeckt. Förster Paulus informierte vorerst nicht, wie es seine Pflicht gewesen wäre, das vorgesetzte Forstamt über die neuerlichen Vorfälle in seinem Revier. Er wollte erst mehr über die Gepflogenheiten seines Widerparts herausfinden. Dazu brauchte er nicht lange zu warten. Schon bald war wieder des Nachts das Motorengeräusch des US-Jeeps im Wald zu hören und das Krachen zweier Schüsse bewies, dass wieder illegal gejagt wurde.

Solche Vorgänge im Revier weckten nur noch mehr den Ehrgeiz des Forstmannes. Er hatte es sich vorgenommen, die Sache zu ergründen. Bei seinen Bemühungen war ihm aufgefallen, dass das US-Fahrzeug an gewissen Tagen in der Woche immer um die gleiche Zeit im Waldgebiet beim Fuchsloch auftauchte. Er hatte bald herausgefunden, dass sich an der Straßenkreuzung ein junger amerikanischer Sergeant und ein Deutsches Mädel trafen. Da er es nicht wagte, den jungen Mann in Uniform im Jeep anzuhalten, beschränkte er sich vorerst auf weitere Beobachtungen. Ein erstellter Zeitplan ergab genauesten Aufschluss über die geheimen Zusammenkünfte der jungen Leute. Mit diesen Beobachtungen begab sich Förster Paulus umgehend zu seiner vorgesetzten Forstverwaltung und machte Meldung. Die Beamten des örtlichen Forstamtes wiederum fühlten sich in ihrer Haut nicht wohl. Obwohl sie genau wussten, mit wem sie es zu tun hatten, meldete sie die Angelegenheit der US-Kommandantur weiter, mit der Begründung, dass es sich hier offenkundig um einen amerikanischen Beteiligten handelte.

Die US-Militärbehörde, schon lange über die ungesetzlichen Vorgänge im Überwald bestens informiert, war über die präzisen Unterlagen hocherfreut. Hatten sie doch bisher oft vergeblich versucht diesen vermeintlichen US-Sergeanten, der zudem noch bewaffnet war, zu fangen.

Bei der US-Militärbehörde in der Garnisonsstadt im Rheintal begann sofort die Militärmaschinerie zu laufen. Für den Tag des Einsatzes wurde eine besonders ausgebildete Militärpolizeitruppe vorbereitet. Jeder Mann wurde auf die Wichtigkeit der bevorstehenden Polizeiaktion hingewiesen und mit automatischen Handfeuerwaffen ausgerüstet. So schwer bewaffnet fuhren am vorbestimmten Tag mehrere US-Kampfeinheiten auf US-Lastkraftwagen in den Überwald. Als Treffpunkt war das am Waldrand gelegene Forsthaus des Revierförsters Paulus ausgemacht. Da es noch heller Tag war und weil man kein Aufsehen erregen wollte, zogen sich die Soldaten mit ihren Kraftwagen in den hinteren Teil des Forstanwesens zurück. Im Forsthaus fand noch vorab eine Lagebesprechung statt. Da Förster Paulus über den Treffpunkt des Gesuchten mit seiner Freundin und über alle Örtlichkeiten der Umgebung bestens Bescheid wusste, wurde er verpflichtet, sich an der bevorstehenden Fangaktion zu beteiligen. Förster Paulus fühlte sich selbst in der Schar der schwer bewaffneten Militärmaschinerie unwohl, konnte aber den Stein, den er ins Rollen gebracht hatte, nicht mehr aufhalten. Seiner vorgesetzten Forstbehörde machte er noch Meldung, dass in dieser Nacht eine Großaktion gegen Wilddiebbanden in seinem Forstbereich von den Amerikanern durchgeführt werde. Unerbittlich wanderte der Uhrzeiger weiter und es begann zu dämmern. In weitem Bogen auf Umwegen führte Förster Paulus die bewaffneten Soldaten an das Waldgebiet im Fuchsloch heran.

Auf verschiedenen Waldwegen in der Nähe des Zieles wurden die Kraftwagen in den Wald gefahren und dort versteckt. Zu Fuß ging die bewaffnete Schar weiter bis zum vorgesehenen Treffpunkt an der Wegekreuzung Fuchsloch. Paulus machte dem verantwortlichen US-Offizier den Vorschlag, seine Mannschaft im gesamten Waldgebiet zu verstecken, damit hätte der Gesuchte absolut keine Chance zu entfliehen, wenn er erst einmal im Waldstück wäre. Der Offizier entschied anders. Er ließ die gesamte Kampfmannschaft bei der Wegekreuzung Fuchsloch im nahen Unterholz in Deckung gehen. Die Soldaten legten sich in das nur noch spärlich vom ausgehenden Tageslicht erleuchtete Gebüsch neben der Straße und brachten ihre Feuerwaffen in Anschlag. Aus dem Hinterhalt heraus warteten sie geduldig auf das Opfer.

Für Elli war jeder Tag ein Freudentag, an dem sie mit ihrem geliebten Fritz beisammen sein konnte. So war es auch heute. Voller guter Laune spazierte sie zum vereinbarten Treffpunkt. Ob Fritz schon da war? Sie marschierte den Weg entlang, den ihr Freund gewöhnlich gefahren kam. Aber heute war er noch nicht da. Ein kurzer Blick auf die Armbanduhr verriet ihr, dass sie noch etwas zu früh war. Um die Wartezeit zu verkürzen setzte sie sich auf einen Baumstumpf. Endlich hörte sie aus der Ferne Motorengeräusche und aus der Dämmerung löste sich die Silhouette des Jeeps, den Fritz zu fahren pflegte. Natürlich war auch heute das Licht der Autoscheinwerfer ausgeschaltet, wie Fritz selbst bei der Dämmerung zu fahren pflegte. Das konnte also nur er sein. Jetzt war das Fahrzeug direkt neben ihr und hielt an. Freudig fiel Elli ihrem geliebten Fritz in die Arme. Galant half er ihr in den Wagen und nahm neben ihr auf dem Fahrersitz Platz.

Da Elli sich durch den kleinen Spaziergang etwas von der Wegekreuzung Fuchsloch entfernt hatte, waren die lauernden Verfolger zu weit entfernt, um direkt eingreifen zu können. Nur schemenhaft konnten sie die Vorgänge am Jeep beobachten. Jetzt rächte es sich, dass der Offizier seine Mannschaft nicht im Wald verteilt hatte, wie es Förster Paulus vorgeschlagen hatte. Sicher wäre es ein Leichtes gewesen, Fritz und Elli im Moment der Begrüßung zu verhaften. Schon wurde der Offizier unruhig. Er wusste nicht, sollte er das Versteck verlassen und dem Jeep entgegenlaufen oder war es nicht sinnvoller, im Unterholz weiter zu lauern.

Fritz selbst löste die Frage unbewusst, indem er, nachdem er und Elli im Jeep saßen, den Motor startete und nichts böses ahnend langsam auf die Wegekreuzung Fuchsloch zu gerollt kam, wo seine Häscher lauerten.

Der amerikanische Offizier erkundigte sich noch einmal flüsternd bei Förster Paulus, ob der Insasse im US-Fahrzeug auch wirklich der Gesuchte sei. Eigentlich war die Frage überflüssig, es gab wohl keine Zweifel darüber, denn wer fährt schon bei Nacht ohne Scheinwerferlicht mit einem amerikanischen Militärfahrzeug durch den Odenwald. Trotzdem wollte er sicher sein und kein unnötiges Risiko eingehen. Nachdem Förster Paulus die Frage durch Kopfnicken bejaht hatte, gab der Kommandant an seine Mannschaft letzte Anweisungen in englischer Sprache. Er forderte seine Soldaten auf, im nächsten Augenblick voll konzentriert und aufmerksam zu sein, wie Paulus verstehen konnte. Nach den geflüsterten Anweisungen des Offiziers war noch mehrfaches leises Klicken zu vernehmen. Förster Paulus, selbst Weltkriegsteilnehmer, wusste sofort, was das Klicken zu bedeuten hatte, die Soldaten entsicherten ihre automatischen Feuerwaffen.

Die geflüsterten Worte und das Klicken der Gewehrschlösser konnte Fritz im Jeep leider nicht hören, dazu waren die eigenen Motorengeräusche zu laut. Außerdem unterhielt er sich angeregt mit Elli über ein erfreulicheres Thema.

Der Jeep mit Fritz und Elli war am Fuchsloch angekommen. Jetzt sah der US-Kommandant den richtigen Zeitpunkt gekommen. Er trat aus dem Versteck hervor und rief mit lauter Stimme unüberhörbar:

„*S T O P !*"

Obwohl es ziemlich dunkel im Wald war und der Offizier neben der Straße stand, hatte Fritz trotz der lauten Motorengeräusche sofort begriffen, dass ihm hier aus nächster Nähe Gefahr drohte. Dass im Unterholz weitere schwerbewaffnete Soldaten lauerten, konnte er nicht ahnen.

Schon oft hatte Fritz das schnelle Erkennen einer gefahrvollen Situation aus einer brenzligen Lage geholfen. Damit war seine Reaktion eigentlich vorbestimmt. Wie schon einmal bei einer Verkehrskontrolle praktiziert, trat er nicht auf die Bremse, sondern auf das Gaspedal. Der Motor heulte auf und gab die erzeugte Kraft auf die Antriebsräder weiter. Die Räder drehten auf dem Boden kurz durch und trieben dann das Fahrzeug vorwärts. Mit dieser spontanen Reaktion hatte der US-Kommandant nicht gerechnet. Er fühlte wie ihm der Gejagte zu entfliehen drohte. Da ihm keine Zeit zum Nachdenken blieb und aus der Angst heraus seinen Auftrag nicht erfüllen zu können, gab er an seine Mitstreiter den verhängnisvollen Befehl:

„*F I R E !*" *(Feuer)*

Aus rund einem dutzend Gewehrläufen peitschten die Geschosse dem davonrasenden Fahrzeug nach. Die Befehlsempfänger ließen den Zeigefinger solange auf dem Gewehrabzugshahn, bis die Magazine der automatischen Waffen leer geschossen waren.

Die Wirkung eines derartig massiven Feuerwaffeneinsatzes war katastrophal. Die Gewehrschußeinschläge im Jeep waren nicht zu zählen. Von hinten glich das Fahrzeug einem Sieb.

Für die kurze Zeit, in der geschossen wurde, war der abenddämmrige Wald vom Schein der Mündungsfeuer erhellt. Förster Paulus hielt beide Hände vor das schreckensbleiche Gesicht. Er wusste, welche Folgen ein solcher Kugelhagel haben musste. Mit einem derartigen Ausgang der Ereignisse wollte und konnte er nicht rechnen.

Für Fritz war klar, dass wenn jemand in Uniform ihn mit „Stop" zum Anhalten aufforderte und er nicht Folge leistete, mit Konsequenzen zu rechnen war. Deshalb rief er noch beim Davonfahren Elli auf dem Beifahrersitz zu, sich flach auf den Sitz zu legen. Während dieser Worte hörte Fritz auch schon die ersten Schüsse aufpeitschen. An seinem Rücken und am Hinterkopf verspürte er im selben Moment kräftige Stöße, als wenn er von den Fäusten eines Boxers getroffen würde. Eigenartigerweise fühlte er keine weiteren Schmerzen, aber er wusste nur zu gut, was das warme Nass zu bedeuten hatte, das ihm über die Wangen rieselte. Er nahm den Fuß vom Gaspedal und ließ den Wagen ausrollen. Seine letzte Aufmerksamkeit galt der Geliebten auf dem Nebensitz. Aber schon der erste Blick verriet ihm, was zu befürchten war. Auch ihr floss Blut übers Gesicht und nur mühsam konnte sie sich sitzend halten. Fritz beugte sich zu ihr und nahm sie in den Arm. Mit großen erschrockenen Augen schaute sie ihn stumm an. Langsam unendlich langsam öffnete sie den Mund und wollte noch etwas sagen. Röchelnd brachte sie nur noch das eine Wort

„F R I T Z"

über die erblassenden Lippen. Der Körper des Mädchens wurde in seinen Armen immer kraftloser. Fritz beugte sich noch etwas weiter vor und verschloss den Mund seiner Geliebten, der noch eben seinen Namen genannte hatte, mit einem Kuss. Dabei fühlte er, wie jegliches Leben aus dem Körper des Mädchens schwand. Trotzdem hielt er den leblosen Körper seiner Geliebten fest im Arm und mit dem Blut, das über seine Wangen rieselte, mischte sich jetzt das Nass seiner Tränen. Auch ihm schwanden langsam die Kräfte, er konnte seine Geliebte nicht mehr im Arm halten und so sank ihr lebloser Körper auf seinen Schoß. Auch sein Oberkörper fiel entkräftet nach vorne, so dass seine Wange auf der Wange von Elli zum liegen kam.

Damit waren die beiden Liebenden, die während ihres kurzen Lebens durch widrige Umstände oft getrennt waren, wenigstens im Sterben vereint.

Trauer und Beisetzung

Als sich im zerschossenen Fahrzeug nichts mehr rührte und regte, kamen die amerikanischen Soldaten mit ihrem Anführer aus dem Hinterhalt zum Jeep gelaufen. Sie fanden das sterbende Liebespaar eng umschlungen im Wagenfond. Neugierig betrachteten sie den Mann, der sie monatelang an der Nase herumgeführt hatte. Einige der US-Soldaten waren ehrlich erschrocken, als sie erkennen mussten, wie jung ihre Opfer gewesen waren.

Nur zögerlich traute sich auch Förster Paulus an den Ort der Tat. Als er nun sah, dass Fritz noch schwach atmete, also noch am Leben war, forderte er lautstark von dem amerikanischen Offizier die vermeintlich Verletzten sofort zum Arzt zu bringen, obwohl man sehen konnte, dass hier jegliche Hilfe zu spät kommen musste. Vielleicht tat er dies auch nur, um sein Gewissen zu beruhigen. Auf das laute Bitten des Försters reagierte des US-Offizier. Er gab Befehl, einen der großen Mannschaftswagen aus dem Wald zu holen und ließ die beiden Verletzten aufladen. Der zerschossene Jeep wurde an einen anderen LKW angehängt und danach ging es im Konvoi zurück in die Garnisonsstadt. Im Krankenhaus konnten die Ärzte nur noch den Tod des jungen deutschen Paares feststellen.

Förster Paulus, durch die jüngsten Ereignisse stark erschüttert, verzichtete auf das Angebot der Amerikaner mit einem Fahrzeug nach Hause gebracht zu werden. Er zog es vor, zu Fuß alleine durch den Wald nach Hause zu wandern, um seine aufgewühlte Seele zu beruhigen. Immer wieder machte er sich die schwersten Vorwürfe, musste aber erkennen, dass er eigentlich als Forstbeamter nur seine Pflicht getan hatte. Dass die zu Hilfe gerufenen US-Militärs derart radikal ihre Pflichten als bewaffnete Schutzmacht ausüben würden, damit konnte er nicht rechnen. Aber ihm, als einzigem deutschen Zeugen, oblag die unangenehme Pflicht, die traurigen Ereignisse sowohl seiner vorgesetzten Dienststelle, als auch im Ort bekannt zu geben. Sicher hatte man im Ort die Schüsse gehört. Gewehrschüsse waren um die Nachkriegszeit in den Odenwaldbergen keine Seltenheit, aber ganze Gewehrsalven in solcher Anzahl hatte es noch nicht gegeben.

Wie Förster Paulus vermutet hatte, musste er am folgenden Tag umfassende Auskunft über die nächtlichen Ereignisse geben. Seine vorgesetzte Forstbehörde wurde damit als erste Institution informiert. Als dadurch einigen Forstangestellten die ganze Wahrheit der tragischen Vorkommnisse um Fritz und Elli bekannt wurde, verbreitete sich die traurige Nachricht in Windeseile im ganzen Dorf. Auch wir in der Schule wurden offiziell informiert. Unser Klassenlehrer, der auch in der Abiturklasse von Fritz und Elli unterrichtete, wurde vom Schuldiener aus dem Unterricht zu einer außerordentlichen Lehrerkonferenz gerufen. Schon das überaus traurige Gesicht des Pedels ließ uns nichts Gutes ahnen. Auch hatte einer der Schüler mitgehört, wie er etwas von einem schrecklichen Ereignis murmelte. Bis zur Rückkehr des Lehrers war es in der Klasse totenstill. Wir spürten wohl, dass eine schlimme Nachricht auf uns wartete. Nach einer für uns Schüler endlos erscheinenden Zeit kam der Klassenlehrer aus der Konferenz zurück und unterrichtete uns über die ganze traurige Wahrheit. Gleichzeitig gab er bekannt, dass für heute der Schulunterricht beendet sei, da er für den Rest des Tages anderweitige Pflichten in Bezug auf die traurigen Ereignisse zu übernehmen hätte. Da der Gymnasiallehrer ein guter Freund des Hauses Kraut war, lässt sich vermuten, dass er die traurige Pflicht zu übernehmen hatte, die Familien von Fritz und Elli über das Vorgefallene zu unterrichten.

Für uns, die wir oft mit Fritz zusammen waren, war diese Nachricht ein harter Schlag. Wir wollten die ganze Wahrheit einfach nicht glauben. Auf dem Nachhauseweg, begegneten wir vielen Erwachsenen die in Gruppen und Grüppchen beieinander standen und sich aufgeregt unterhielten. An anderen normalen Tagen durften wir Jugendliche es nicht wagen, die Erwachsenen bei deren Unterhaltung zu belauschen, aber heute störte sich niemand daran. Dabei konnte man weitere Einzelheiten aus der vergangenen Nacht erfahren. Die wildesten Gerüchte wurden von den Mitbürgern verbreitet. Einige wussten zu berichten, Fritz und Elli seien noch am Leben und würden im US-Militärkrankenhaus behandelt. Auch wir glaubten allen Ernstes, Fritz sei einfach viel zu schlau, um sich von den Amerikanern fangen zu lassen, dies hatte er schon wiederholt bewiesen. Aber je länger der Tag wurde, um so unumstößlicher wurde zur Gewissheit, was wir nicht wahr haben wollten und mancher, nicht nur wir jugendlichen Bürger der Gemeinde, wischte sich verstohlen die Tränen aus den Augen.

Bedrückt, mit einem Klos im Halse, ging ich nach Hause. Gerne hätte ich weitere Einzelheiten der Tragödie erfahren, aber selbst meine erwachsenen Angehörigen verhielten sich heute ausgesprochen wortkarg. Selbst unser resoluter Großvater, der sonst immer etwas anzugeben oder zu befehlen hatte, saß still am Tisch und machte sich umständlich am Essen zu schaffen. Kein Wort wurde über das eigentliche Tagesereignis gesprochen, nur die Großmutter, wie immer bei unangenehmen Anlässen, hob beim Essen den Zeigefinger und gab uns zu verstehen, dass es schlimme Folgen haben musste, wenn man sich so frei und gesetzlos wie Fritz auf der Welt bewege. Wortlos wurden diese sicher gutgemeinten Ratschläge zur Kenntnis genommen. Das Essen wollte natürlich nicht schmecken und so war ich froh als die Großmutter das Zeichen gab, die Mahlzeit sei zu Ende und wir durften den Tisch verlassen.

Durch aufmerksames Zuhören bei Gesprächen der Erwachsenen konnte ich erfahren, wo die tragischen Ereignisse in der Nacht stattgefunden hatten. Ich schwang mich auf mein Fahrrad um schleunigst an den Ort der Tat zu kommen. Dort angekommen war ich natürlich nicht der einzigste Mensch, der sich für das Drama interessierte. Weitere Mitbürger standen im Kreis herum und starrten auf eine Stelle am Straßenrand, die noch sichtbar mit Blut getränkt war. Blechsplitter und Kleidungsfetzen waren noch die einzigsten sichtbaren Zeugnisse der blutigen Ereignisse der vergangenen Nacht. Sofort wandte ich mich vom schrecklichen Tatort ab und fuhr langsam zum Dorf zurück. Jedoch nicht ohne mich am Straßenrand hinter einer Hecke ordentlich auszuweinen. Im Dorf war mittlerweile eine neue Nachricht aus dem Krankenhaus mit der offiziellen Todesbestätigung eingetroffen, damit war es amtlich, Fritz und Elli waren tot.

Wie die Familie Kraut den Tod ihres einzigen Sohnes aufgenommen hat, kann nur vermutet werden. Vom Tag des tragischen Ereignisses an bis zur Bestattung der jungen Leute wurde weder Frau noch Herr Kraut auf der Straße gesehen. Am Wohnhaus selbst blieben auch tagsüber die Rollläden geschlossen. Es wagte zudem niemand aus der Gemeinde, die Trauerfamilie durch Kondolenzbesuche zu stören. Anteilnamebezeugungen wurden per Briefpost zugesandt.

Herr Kraut hat den tragischen Tod seines einzigen Sohnes bis zum Ende seines Lebens nicht verwunden. Schon bald danach gab er seine Tierarztpraxis in jüngere Hände und suchte nur noch in der freien Natur seinen Seelenfrieden zu finden. Frau Kraut war einige Jahre jünger als ihr Ehemann und lebte nach dem frühen Tod ihres Mannes allein und zurückgezogen.

Trauer und Beisetzung

Nur schwer hatten sich die Bürger der Gemeinde mit dem Tod ihres so prominenten Mitbürgers abgefunden, als es wieder zu einer neuen Aufregung kam.
Zur Beisetzung in ihrer Heimatgemeinde hatten die amerikanischen Behörden die beiden Verstorbenen freigegeben. Ein Bestattungsunternehmen hatte die Leichen in den Überwald gebracht. Bei der Aufbahrung der Leichen wurde von der Leichenfrau in den Körpern der Toten die vielen tödlichen Schussverletzungen im Rücken festgestellt. Es kam im Ort zu öffentlichen Unmutsbezeugungen. Beim Durchfahren des Ortes wurde amerikanischen Fahrzeugen nicht selten Bezeichnungen wie „Meuchelmörder" und „Feiglinge" nachgerufen. Selbst Drohungen mit geballter Faust waren keine Seltenheit.
Nicht genug, weiterer Ärger stand an. Die Familie von Elli war zu NS-Zeiten aus der christlichen Kirche ausgetreten und zu einer Sekte übergewechselt. Damit gehörte Elli seit frühester Jugend dieser Glaubensgemeinschaft an. Das wiederum nahmen die evangelische und katholische Kirche im Ort zum Anlass, die Bestattung in geweihter Erde zu verweigern. Der eigentlich zuständige Gemeindepfarrer war in den letzten Kriegsjahren zum Einsatz bei der deutschen Wehrmacht eingezogen worden und bisher nicht aus der Gefangenschaft zurückgekehrt. Die geistlichen Aufgaben wurden deshalb abwechselnd von ortsfremden Pfarrern wahrgenommen. Ein solcher, mit den örtlichen Gegebenheiten nicht vertrauter Seelsorger, verweigerte auch die Bestattung des Sohnes der Familie Kraut, weil dieser angeblich als Verbrecher auf der Flucht vor der Staatsmacht gewaltsam ums Leben gekommen war.
Das unverständliche Verhalten der Kirche löste wiederum allerstärksten Protest in der Bevölkerung aus. Es wurde in der Bürgerschaft gemunkelt, die christlichen Kirchen handelten nur so abweisend, weil sie von der amerikanischen Besatzungsbehörde dazu gezwungen worden seien. Letztlich zeigten sich die zuständigen Kirchenbehörden, wohl unter dem öffentlichen Druck, bereit, die Bestattung der getöteten jungen Leute zu übernehmen. Trotzdem konnten sie es sich nicht verkneifen, die beiden auf so ungewöhnliche Weise ums Leben gekommen, anders zu behandeln als üblich. Als letzte Ruhestätte gewährte man ihnen eine abseits von den anderen Gräbern gelegene Grabstätte in einer rückwärts gelegenen Ecke an der Friedhofsmauer.
Damit waren alle bürokratischen Hindernisse beseitigt und die eigentliche Bestattung konnte vorgenommen werden. Vom Trauerhaus setzte sich, wie es damals allgemein üblich war, ein großer Trauerzug in Richtung Friedhof in Bewegung. Kein Ortsbürger wollte es sich nehmen lassen, den so beliebten Verstorbenen das letzte ehrende Geleit zu geben.
Es war die Ironie des Schicksals, dass man den beiden Toten nicht einmal auf ihrem letzten irdischen Weg die gebührende Ruhe zollte. Der Trauerzug befand sich etwa auf halbem Wege zum Friedhof, als die Trauerstille vom Rattern kettengetriebener Militärfahrzeuge unterbrochen wurde. Amerikanische Soldaten auf gepanzerten Kampfwagen fuhren am Trauerzug vorbei zum Friedhof und nahmen vor der Eingangspforte Aufstellung. Sie ließen im Spalier die Trauergemeinde mit den Toten passieren. Dem Trauerzuge schlossen sich einige uniformierte Soldaten mit zwei Kränzen an.
Die Überpräsenz der Amerikaner gab Anlass zu Spekulationen. Was sollte wohl der Aufmarsch der Militärmacht? Entweder befürchteten sie bei und nach der Bestattung Ausschreitungen, oder sie zeigten wirkliche Reue über die geschehene Tat und wollten mit einer Geste des Mitgefühls zur Versöhnung beitragen. Bei der später in deutscher Sprache gehaltenen Grabrede des amerikanischen Vertreters konnte man deutliche Worte

des Bedauerns und der Reue hören. So bleibt nur die Frage, warum der Kondolenzbesuch mit schwerbewaffneten Kampffahrzeugen? Das erklärt sich wohl aus der übergroßen Vorsicht, die Amerikaner bei all ihrem Tun walten ließen. Es war ihnen voll bewusst, dass sie bei der Exekution der jungen Menschen überhart gehandelt hatten und sie erstickten deshalb den vielleicht aufkeimenden Volkszorn durch das Zeigen militärischer Stärke schon im Ansatz.

Die eigentliche Bestattung auf dem Friedhof verlief nach gewohnter Zeremonie. Alle Grabredner, selbst der anfangs so sperrige Herr Pastor, ließen sich von der allgemeinen Trauerstimmung beeinflussen und er hielt für seine Verhältnisse eine passable Grabpredigt. So bettete man die beiden unglücklichen Liebesleute Elli und Fritz nebeneinander Grab an Grab, in der äußersten Friedhofsecke. Dort etwas abseits der anderen Grabstätten, fanden sie ihre letzte Ruhe, die ihnen zu Lebzeiten nicht vergönnt war.

Abschließende Gedanken

Auch heute noch, nach 50 Jahren, führt mich mein Weg immer wieder einmal hin zu der Ruhestätte meiner Freunde. Sei es bei einem Spaziergang oder einem offiziellen Friedhofsbesuch. Die schlichten nur mit einem Naturstein geschmückten Gräber, auf denen die Namen mit Geburts- und Todesdatum in schwarzen Lettern geschrieben stehen, lässt in mir die Erinnerung an die damaligen Zeiten wieder aufleben. Dann erhebt sich in mir die unbeantwortete Frage, warum und weshalb mussten ausgerechnet diese Menschen so früh sterben? Eine Erklärung kommt mir immer wieder in den Sinn. Zwar war der schreckliche Weltkrieg schon drei Jahre zu Ende, aber trotzdem muss man sie als späte Opfer dieser Ereignisse bezeichnen. Heute zu normalen Zeiten wäre es wohl nicht möglich, dass man einen Minderjährigen und seine Braut wegen illegalen Waffenbesitzes ohne Not hinterrücks erschießt.

Anzeigenblatt für den Landkreis Bergstraße

Der Vollständigkeit halber, soll die öffentliche Bekanntmachung des Regierungspräsidenten Darmstadt zur Sache Wilderertragödie bei Siedelsbrunn vom 2. Oktober 1948 nachfolgend beigefügt werden. Der Artikel berichtet in Ansätzen der Wahrheit entsprechend, die eigentliche Bluttat wird jedoch nicht richtig wieder gegeben. Hier ist deutlich die Pressezensur der US-Besatzungsmacht herauszulesen.
Wie kann ein Fahrer aus einem vorwärts fahrenden Auto heraus mit einer Pistole (Fritz war nie im Besitz einer Faustfeuerwaffe) nach rückwärts im Dunkeln durch die Wagenaufbauten auf für ihn unsichtbare Verfolger schießen?
Dazu hatten die Amerikaner anfangs das Märchen verbreitet, Fritz habe im Moment der Verhaftung seine Braut Elli selbst erschossen! Damit wollten sie wohl die Verantwortung für die Ermordung eines unschuldigen Mädchens loswerden. Dieser gemeine Vorwurf wurde aber bald, sicher durch die Zeugenaussage des Försters, zurückgenommen.
Nicht zuletzt diese falschen Anschuldigungen gegenüber meinem toten Freund, haben mich bewogen, seine so tragische Lebensgeschichte, so wie ich sie erlebt bzw. wie sie mir von Augenzeugen geschildert wurde, auf meine Weise niederzuschreiben.

Anzeigenblatt für den Landkreis Bergstraße
Heppenheim, den 2. Oktober 1948

Erscheint wöchentlich - Herausgeber mit Genehmigung des Regierungspräsidenten Darmstadt Nr. 77 P. - Geschäftsstelle und Druckerei Buchdruckerei Otto GmbH., Heppenheim (Bergstraße) Graben 17 - 19. Anzeigenpreise: Die einzeilige Petitzeile oder deren Raum 0,40 DM. Kleinanzeigen das Wort 0,20 DM., das fettgedruckte Wort 0,30 DM. Annahmeschluss Donnerstag 12 Uhr. Verantwortlich: W. Büge, Heppenheim.

Die Wilderertragödie bei Siedelsbrunn

Weitere Einzelheiten zum Tode von Fritz Kraut (Name geändert),

früh auf die schiefe Bahn geraten

Siedelsbrunn. Zu dem Feuergefecht mit einem Wilderer zwischen der Kreidacher Höhe und Siedelsbrunn, bei dem der 20-jährige Fritz Kraut aus Waldmichelbach und seine Begleiterin, die 18-jährige Elli (Name geändert), ums Leben kamen, werden noch folgende Einzelheiten bekannt:

Jugendliche Wildererbande

Seit Monaten tauchte in den Wäldern um Waldmichelbach ein amerikanischer Jeep auf, aus dem nachts im Scheinwerferlicht auf Wild geschossen wurde. Man nahm an, dass es sich um Besatzungsangehörige handelt. Bald stellte sich heraus, dass man es mit einer Wildererbande zu tun hatte, die aus jungen Deutschen bestand. Das Haupt dieser Wildererbande war der 20-jährige Fritz Kraut, ein Sohn achtbarer Eltern, der schon sehr jung mit dem Weidwerk vertraut war. Bei Kriegsende lag in Krauts elterlichem Hause Besatzung im Quartier, die öfters auf Jagd ging und den jungen Kraut mitnahm. Ihm war das unweidmännische Wildern mit der Zeit zur Gewohnheit geworden. Alle elterlichen Ermahnungen zur Umkehr blieben erfolglos. Das Verhängnis nahm seinen Lauf.

Festgenommen und entflohen

In der Nacht vom 6. zum 7. August versuchte die amerikanische Militärpolizei den Wilderer und seine Komplizen, die mit einem gestohlenen Jeep unterwegs waren, im Überwald zu fassen. Trotz Verfolgung und Beschießung konnte die Wildererbande entfliehen. Unter Mithilfe eines Revierförsters konnte die Wildererbande Kraut von deutscher Gendarmerie am anderen Tage festgenommen werden. Auf der Suche nach dem Waffenversteck entkam Kraut und trieb sich seitdem in den Wäldern um Waldmichelbach herum. In der elterlichen Wohnung wurde er seit dieser Zeit nicht mehr gesehen. Immer wieder beunruhigten Förster, Jäger und Gendarmerie die nächtlichen Schüsse, die die ohnehin schon stark zusammen geschmolzenen Rehwildbestände im Überwald erheblich lichteten **(Anm.: Diese Behauptung ist falsch, nach wie vor war für die bäuerliche Bevölkerung der überreiche Wildbestand eine Existenzbedrohung)**. *Kraut hatte abermals einen Jeep gestohlen und wilderte des Nachts mit neuen Komplizen in den Revieren.* **(Anm.: Falsch, wer sollten wohl die neuen Komplizen sein und wie und wo sollte Fritz die Möglichkeit gehabt haben abermals einen Jeep zu stehlen?)**

Begegnung bei Siedelsbrunn

Vom Freitag 17. zu Samstag 18. September, traf ein Förster im Walde bei Siedelsbrunn einen amerikanischen Jeep mit drei Insassen. Der Fahrer des Wagens trug eine große blaue Brille. Neben ihm saß

sein Begleiter und auf dem Rücksitz ein junges Mädchen. Der Fahrer, der perfekt englisch und deutsch sprach, erklärte dem Förster, er und sein Begleiter seien amerikanische Polizisten. Sie würden es nicht so machen wie die deutsche Polizei, die sich an Straßenkreuzungen aufstellten, sie würden „ihre Fische aus dem Wald holen". In Begleitung des Försters befand sich eine weitere Person, die sich unauffällig die Kennummer des Jeeps notierte. Dem Förster kam die Sache verdächtig vor; er setzte sich mit der Gendarmerie in Verbindung, die von der amerikanischen Militärregierung erfuhr, dass die Angaben der beiden jungen Burschen falsch waren. Der Jeep war gestohlen. Die Personenbeschreibung passte jedoch auf Kraut und seinen Komplizen.

Um Mitternacht auf der Kreidacher Höhe

Nunmehr war das Maß voll. In der Nacht vom Freitag, dem 24. auf Samstag den 25. September, führte amerikanische Spezialpolizei gemeinsam mit deutscher Gendarmerie im Odenwald eine große Fahndung durch. Es hatte sich herausgestellt, dass Kraut für seine Wildereien die Nächte auf Samstag bevorzugte **(Anm.: Dies waren die Tage, an denen sich Fritz mit Elli zu treffen pflegte)**. Alle wichtigen Straßenkreuzungen und Zugänge nach dem Überwald wurden abgeriegelt und von Polizeistreifen besetzt. Um Mitternacht kam die Kreidacher Höhe ein amerikanischer Jeep herauf. Ein Polizist der dort befindlichen Streife forderte das Fahrzeug auf, zu halten. Der Jeep minderte anfangs seine Geschwindigkeit, fuhr aber dann in rasantem Tempo in Richtung Siedelsbrunn davon. Die Polizeistreife gab einige Schüsse auf den fliehenden Wagen ab **(Anm.: Eine bewusste Falschbehauptung; mit was sollte wohl eine Polizeistreife schießen, wenn es ihr doch von Seiten der Besatzungsmacht bei Androhung der Todesstrafe verboten war, Waffen zu tragen?)** und nahm die Verfolgung auf. Am Ortsausgang von Siedelsbrunn nach Ober-Abtsteinach konnte der am Vorder- und Hinterrad plattgeschossene Jeep nicht mehr weiter. Als der Fahrer die Polizisten herannahen sah, eröffnete er aus einer deutschen Pistole auf seine Verfolger das Feuer **(Anm.: Falsch, Fritz war nachweislich nie im Besitz einer Faustfeuerwaffe)**, das die Polizisten **(Anm.: Kann wohl nur amerikanische Militärpolizei heißen)** sofort erwiderten. Als die Polizei **(amerikanische Militärpolizei)** näher kam, fand sie den gesuchten Fritz Kraut sterbend neben Elli, die als seine Begleiterin bei diesem nächtlichen Feuergefecht ebenfalls ums Leben gekommen war. Eine Vermutung, Kraut hätte bei dem Feuergefecht seine Freundin selbst erschossen, hat sich nicht bestätigt. Bei Kraut wurde ein Geldbetrag von über 500 Mark gefunden, der anscheinend aus Wildbreterlösen stammte **(Anm.: Das Geld stammte von Vater Kraut)**. Fritz Kraut war als guter Schütze bekannt. Er soll sich einmal geäußert haben, dass er keinem seiner Verfolger in die Hände falle und nicht zögern werde, auf sie zu feuern **(Anm.: Diese Bemerkung erscheint als nachträgliche Rechtfertigung. Zu wem sollte wohl Fritz eine solche Äußerung gemacht haben, sicher nicht zu seinen direkten Verfolgern)**.

Auch ein Komplize festgenommen

In der gleichen Nacht wurde auch der Komplize Krauts verhaftet. Er hatte gestohlene Kleidungsstücke, einen Hirschfänger und eine Pistolentasche in einem Straßengrabendurchlass versteckt. **(Anm.: Dies kann keine so große strafbare Handlung sein, die eine Festnahme rechtfertigen würde.)** So tragisch das Ende Krauts und der jugendlichen Elli auch ist, so sollte dieser Vorfall als Warnung dienen. Amerikanische und deutsche Polizei werden in Zusammenarbeit mit den Forstbeamten dem Wildererunwesen keinesfalls tatenlos zusehen und sind entschlossen, es zu bekämpfen.